KB098104

스물, 너는 너처럼 살아보기로 했다

스물, 너는 너처럼 살아보기로 했다

초 판　1 쇄 ｜ 2019년 5월 15일
　　　　2 쇄 ｜ 2019년 5월 30일

지 은 이 ｜ 아홉시
발 행 인 ｜ 김영희

편집·디자인 ｜ 이상숙
발 행 처 ｜ (주)와이에치미디어
등 록 번 호 ｜ 2017-000071호
주　　　소 ｜ 08054 서울특별시 양천구 신정로 11길 20
전　　　화 ｜ 02-3771-0245
팩　　　스 ｜ 0502-377-0138
홈 페 이 지 ｜ www.yhmedia.co.kr
E - m a i l ｜ fkimedia@naver.com
I S B N ｜ 979-11-89993-19-1 03190
정　　　가 ｜ 1만 5,000원

이 도서의 국립중앙도서관 출판예정도서목록(CIP)은 서지정보유통지원시스템 홈페이지(http://seoji.nl.go.kr)와
국가자료공동목록시스템(http://www.nl.go.kr/kolisnet)에서 이용하실 수 있습니다.
(CIP제어번호 : CIP2019015008)

스물, 너는 너처럼 살아보기로 했다

아홉시

YH Media

이 책의 마지막 페이지를 넘긴 후

스물, 너는 너
처럼 살아보기로 했다.

아니.

스물, 너는 너
처럼 살아볼 권리가 있고,
그럴 기회와 시간은 아직 너의 편이라는 걸

그래서,
남의 시선이나 사회의 바람 따위가 아니라

너 스스로의 시선과 바람에
충실할 용기가 너에게 있다는 걸
우리는 말하고 싶었다.

그런 생각으로 우리 아홉시는
자기 삶을 지기치럼 살아가꼬 있는
사람들을 만났다.

그리고 그들의 이야기를
이 책에 담았다.

차 진 엽

대한민국 대표 현대무용가

01
———
1인칭 주인공 시점으로 인생을 사는 방법

'네 삶의 주인공은 너야.'
참 뻔하디뻔한 문구다.
그러나 어느샌가 우리는
먹고사는 일에, 사회의 시선에, 성공 목표에 치여
이 뻔한 인생의 진리를 뻔한 문구로만 여겨오며 살진 않았나.

한국 현대무용계에 한 획을 그었다고 평가받는
차진엽 감독은 말한다.
"춤이 인생의 전부가 '아니었기에' 성취할 수 있었다"고.

공부에, 일에 미치는 대신
'내 모습'과 '내 질서'로 삶을 사는 것.
어쩌면 그것이 성공과 성취를 위한 가장 빠른 길이 아닐까.

댄스 서바이벌 프로그램 <댄싱9>에서 화려한 이력의 심사위원으로 출연해 처음 대중에게 이름을 알린 차 감독은 자타 공인 한국 현대무용계의 '에이스'다. 국내에 현대무용이 생소하던 시절부터 해외 유수 무용단에서 무용수로 활동하며 명성을 쌓았다. 현재는 안무가, 예술감독으로도 활발한 행보를 이어가고 있다. 지난 '2018 평창 동계올림픽'에서는 개폐회식 안무감독을 맡기도 했다.

예체능 꿈나무들이 그렇듯, 차 감독 역시 자신의 재능과 적성을 일찌감치 발견했다. 일곱 살에 찾은 동네 에어로빅 학원에서 전영록의 '불티', 정수라의 '아 대한민국'과 같은 노래에 춤을 춘 게 댄서로서의 첫 기억이다. 춤추는 것이 어찌나 즐거웠던지 그녀는 지금도 그때 그 순간을 동작까지 전부 기억한다고 했다.

"본격적으로 춤을 배우게 된 건 9살 때였어요. 리듬체조를 시작했는데 체조 기본 동작이 발레거든요. 그래서 발레학원을 갔더니 전공을 하는 게 좋겠다는 추천을 받아서 발레를 계속하게 됐죠. 이미 그때부터 무용수가 되겠다는 꿈을 키웠던 거예요. 제 기질에 맞는 일을 빨리 찾은 거죠."

차 감독처럼 일찍 진로를 정한 이들이 빠질 수 있는 함정이 하나 있다. 그간 쏟은 시간과 노력이 아까워 자신이 원하는 삶에 대한 '내면의 소리'에 애써 귀를 닫게 되는 것. 그러나 그녀는 10년 가까이 발레를 해오면서도 '발레리나'를 향한 꿈에 잠식당하지 않고 '차진엽'이 원하는 삶을 고수했다. 고등학교 2학년, 예체능계에선 한창 늦은 나이에 발레를 접고 현대무용을 시작한 이유였다.

"발레는 항상 분홍색 무용복에 토슈즈를 신고 예쁘고 아름다운 동작을 해야 하잖아요. 학교에서 현대무용을 처음 접하게

차 감독이 안무감독을 맡은 〈빨간 구두〉의 연습 장면. 차 감독은 발레를 전공한 덕분에 발레에 현대무용적 창작 요소를 접목하는 시도가 가능하다.

됐는데 너무 자유로운 거예요. 검은색 타이즈를 신고 머리를 풀고 맨발로 춤을 추고. 마치 제게 꼭 맞는 옷을 입은 것처럼 신나고 흥분됐어요. 전과를 하고 나서 스스로 그렇게 열심히 할 수가 없어요. '1등 해야지', '상 받아야지' 이런 마음이 아니라 저에겐 현대무용을 하는 것 자체가 가장 즐겁고 잘하고 싶은 일이었어요."

현대무용으로 한국예술종합학교(이하 '한예종')를 졸업한 차 감독은 자신의 세계를 더 넓히기 위해 런던 컨템포러리댄스스쿨로 석사 유학을 떠났다. 그곳에서 그녀는 세계 최고 안무가 호페쉬 쉑터에게 발탁돼 호페쉬 쉑터 무용단, 네덜란드 갈릴리 무용단 등을 거쳐 자신만의 춤 경력을 쌓기 시작했다. 한국에서는 다양한 예술을 시도하는 단체 '컬렉티브 에이Collective A'를 결성해 이끌고 있다.

스승인 전미숙 한예종 교수는 그녀의 행보를 두고 "인맥, 집단 논리에 좌지우지되는 무용계에서 독립적으로 자기 자리를 찾았다"고 평한 바 있다. 차 감독에게 이처럼 '독보적인 길을 가겠다'는 목표를 세운 적이 있느냐고 물었다. "미리 계획하지 않았기에 가능한 일이었다"는 뜻밖의 답이 돌아왔다.

"'이렇게 살아야지, 저렇게 돼야지' 계획하지 않았기 때문에 제 길을 갈 수 있었던 것 같아요. 저는 그때그때 계속 변하고 있으니까 미리 계획하고 싶지 않았어요. 그저 현재 주어진 것들, 관심 있는 것들, 해보고 싶은 것들을 하다 보니 자연스럽게 길이 나더라고요. 계단 하나 만들고 하나 올라가는 식이었죠. 그렇기 때문에 현재 나에게 충실했고. 그래서 한 번도 후회한 적이 없어요. 항상 100%를 쏟았으니까. 지금 모습이 아니라 다른 모습이있어도 후회는 안 할 것 같아요."

그녀에게는 '롤모델'도 없다. 존중하는 인물들의 멋진 인생을 존경하지만 '내 삶과는 별개'라는 것. 차 감독의 인생에 온전한 자기 자신 외에는 꿈도, 계획도, 롤모델도 비집고 들어갈 틈이 없다. 그녀에게 가장 중요하고 우선적인 삶의 잣대는 '내 행복', '내 취향', '내 성격'이다.

"인터뷰할 때 간혹 그런 질문을 받아요. '인생에서 춤이 어떤 의미냐'고. 제 인생에서 춤이 가장 큰 자리를 차지하고 있는 건 맞죠. 30년이 넘는 시간을 함께 했으니까요. 그런데 춤이 인생의 전부는 절대 아니에요. 춤은 저를 행복하고 근사하며 가치있게 살 수 있도록 해주는 재능이에요. 춤 작업을 통해 가치있는 삶을 살고 있다고 느끼고, 무대에서 춤을 출 때 가장 행복하고 '나 다움'을 느끼거든요. 그렇기 때문에 춤과 관련된 작업을 계속하는 거지. 춤에 이끌려 다니며 목매고 싶진 않아요."

그제야 인터뷰 초반 어떤 일을 하느냐는 질문에 차 감독이 "좋아하는 일을 하며 살고 있다"고 답한 것이 떠올랐다. 자신의 인생에서 그녀는 '춤만 추는 사람'이 아니었다. 하고 싶은 일이라면 하고 보는 '차진엽'만의 삶을 사는 사람이었다.

"제가 여태까지 잘해 올 수 있었던 건 그냥 춤을 잘 만난 것 같아요. 사실 흥미 없는 일에는 금방 싫증 내고 변덕이 심하거든요. 춤은 제가 스스로 원하고 좋아하는 일이었기 때문에 없던 능력도 나온 것 같아요. 어떻게 보면 '춤에 미친 것'보다 그게 더 미친 거죠. 그만큼 다른 건 신경 안 쓰고 나에게만 몰입하니까 힘이 생기는 거거든요. 제 개인전 <춤, 그녀…미치다.>에도 그런 뜻을 담은 거예요. 그 '미친다'는 의미가."

'춤에 한정되고 싶지 않다'는 의지처럼 차 감독은 끊임없이 새로운 도전을 하는 것으로 유명하다. 영상, 사진, 미디어아트, 패션, 음

2014년 초연한 차진엽 개인전 〈춤, 그녀…미치다.〉 자신의 방처럼 꾸민 무대에 춤과 그녀의 인생 이야기를 담아냈다.
(사진제공=Collective A)

악 등 다양한 아티스트들과 협업을 하고 영화에 배우, 안무감독으로 참여했다. 새로운 공간을 탐색하고 공간 퍼포먼스를 하는 등 다양한 예술적 시도도 두려워하지 않는다. 2012년 초연한 <Rotten Apple: 로튼애플>에서는 무대와 객석의 경계를 없애는 독특한 시도로 호평을 받았다. 그녀는 "복잡한 생각 전에 몸으로 먼저 행동해 보는 것이 자신에게 숨겨진 무한한 가능성을 끌어내기 가장 좋은 방법"이라고 조언했다.

〈Rotten Apple: 로튼애플〉은 뻔한 무대와 객석의 의미를 무너뜨리는 차 감독의 발상의 전환이 돋보이는 작품이다. 미로처럼 구성된 무대를 관객들이 자유롭게 오가며 공연에 참여한다.

(사진제공=Collective A)

"어떤 일을 할 때 머리로 미리 판단하고 계산하면 실행에 옮기기 쉽지 않잖아요. 우리가 머리로 아는 것들은 경험한 것들인데 경험해보지 않은 건 모르는 것이거든요. 그래서 해보지 않은 것들을 행동으로 먼저 시도해보려고 늘 노력해요. 나도 모르는 숨겨진 재능이 튀어나올 수도 있는 거고. 실패도 많이 하죠. 힘들기도 하고. 그러면서 하나씩 발견해 나가면 '내가 내 인생을 잘 끌어가고 있구나', '쓸모 있는 인간으로 잘 살고 있구나' 뿌듯한 거죠."

예술가로서 그녀의 인생 목표에도 '자기 자신'은 절대 빠지지 않는다. 흔히 예술가라면 '마스터피스'를 남기고 싶어 하지만 차 감독은 "좋은 작품 하나보다 '차진엽'이 기억됐으면 좋겠다"고 말한다. 하나의 작품 목록을 만들어 '명작'을 남기는 게 좋다는 주변의 우려에도 그녀가 창의적인 작업에서 손을 떼지 않는 이유다.

'일에 미쳐라', '공부에 미쳐라', '영어에 미쳐라'‥‥. 미쳐야 성공하고, 미쳐야 비로소 행복해질 수 있다고 외치는 사회에서 '자신에게 집중하라'는 메시지는 생계 걱정 없는 사람들의 배부른 타령으로 들릴지도 모르겠다. 그러나 한 가지는 분명하다. 차 감독이 지금까지 이룬 성취, 닦아 온 길들은 모두 '1인칭 주인공 시점'의 삶에서 나왔다는 사실이다.

"제게도 힘든 일이 많았어요. 괴롭히는 사람도 많았고. 그럼에도 의연하게 제 길을 갈 수 있었던 건 스스로에게 더 집중하려 했기 때문이었어요. 이걸 잘 견디고 털어내면 한 발 더 앞으로 갈 수 있는데, 남들에게 휘둘리고 싶지 않았어요. 2인칭, 3인칭 관점으로 자신을 바라보면 정작 내가 좋아하는 걸 하지 못해요. 인생을 1인칭 관점으로, 내가 바라보는 것에 더 집중하고, 나를 소중히 대하는 태도가 가장 중요하다고 생각합니다."

자기소개 부탁드립니다.

차진엽입니다. 안녕하세요.

무용수, 안무가, 예술감독 등 수식어가 다양합니다.
하고 계신 일 소개를 부탁드려요.

말씀하신 그 모든 걸 다 하고 있어요, 현재도. 저는 각각이 다르다고 생각하진 않아요. 상황에 따라서, 역할에 따라서 불리는 직책이 좀 다를 수 있는데 제가 하는 일은 다 같은 일이죠. 저는 어렸을 때부터 춤을 췄고, 춤을 통해 제가 할 수 있는 역할들을 해왔어요. 어렸을 때부터 무용수를 꿈꿨기 때문에 오랫동안 무용수로 활동을 했었고, 그러면서 자연스럽게 창작에 관심이 생기면서 안무를 하게 된 거고요. 그런 식으로 조금 더 큰 개념에 있는 일을 하기도 하고요. 수식어가 달라서 다른 일이라고 생각하진 않아요.

그럼 하나의 수식어로 본인을 표현한다면.

수식어는 제가 좋아하질 않아서.(웃음) 저는 제가 좋아하는 일을 하면서 살고 있어요.

좋아하는 춤을 추는 사람?

춤에 국한되고 싶지는 않아요.

춤이 몸을 쓰는 기술인네, 춤을 잘 추는 기술이라는 게 있나요.

춤의 기술은 화려한 동작이나 어려운 테크닉 같은 게 아니라 사실은 자기 몸을 잘 알고, 어떤 움직임이든 자기 스스로 컨트롤할 수 있고, 다양한 몸의 언어를 자기가 발견하는 것이거든요. 몸에 대한 보캐뷸러리vocabulary가 많은 무용수들이 좋은 무용수라고 생각해요. 제게 있어 테크닉이 좋은 무용수는 개념이 좀 다른 것 같아요. 점프를 잘한다, 턴을 잘 돈다 등의 특정 기술이 뛰어난 무용수보단 자기 몸을 잘 이해해서 스스로 다양한 보캐뷸러리를 발견하고, 그런 감각들을 다양하게 살릴 수 있는 무용수들이 저에겐 매력적인 거 같아요.

비단 춤에 국한된 얘기는 아닌 것 같습니다.

일을 잘 한다는 게 페이퍼 워크paper work를 잘 한다는 건 아니잖아요. 일의 상황이나 컨디션에 따라 자기가 조율하고 현명하게 상황 판단을 해서 대처를 하는 게 잘 하는 거죠. 그래서 똑똑한 무용수가 좋죠. 그런데 머리가 똑똑한 게 아니라 몸이 똑똑한 무용수가 좋은 거예요. (머리와 몸이) 같이 가야 하긴 하지만 뇌가 앞서는 건 사실 조심해야 한다고 생각해요. 머리로 먼저 생각하고 행동이 그 다음인 거. 무용수들도 각자 작업방식이나 성향이 다르므로 뭐가 더 좋다 나쁘다 말할 순 없지만 제 개인적인 성향과 취향엔 몸의 감각이나 기억이 뇌보다 뛰어나다고 생각해요. 사실 어떨 때 보면 머리로 생각하지 않아도 몸이 알아서 움직여질 때가 있잖아요. 예를 들어 1년 전 했던 공연의 동작을 '이게 뭐였더라'라면서 생각해 내기보단 그 음악을 들으면 나도 모르게 움직여질 때 같은 거죠. 머리로 애써서 끄집어내기 이전에 몸이 먼저 기억을 하고 움직이는 경우도 많거든요. 어떤 일을 할 때 보면 행동을 먼저 하지 않고 머리로 미리 판단하고 계산하고 실행하려는 경우가 있잖아요. (이와 반대로) 전 몸으로 먼저 행동하려고 하거든요.

뭔가 새로운 시도를 할 때도 고민보단 시도를 먼저 하는 타입이신가요. 그게 성격인 것 같아요. 머리로는 당연히 못 하죠. 안 해봤으니까 못하는 것도 많을 거고. 그런데 이걸 지레짐작해 판단하고 결론을 지어서 행동을 하기보단 그 전에 제 뇌가 모르는 몸의 가능성을 시도해보려고 하는 것 같아요. 그러다 보면 나도 모르는 나의 숨겨진 재능이 튀어나올 수도 있는 거고.

감독님의 스승인 전미숙 교수께서 "무용계가 인맥, 집단에 좌지우지되는데 차진엽은 독립적으로 자기 자리를 찾았다"고 말씀하셨는데요.

방금 말씀드린 제 성향과 일맥상통하는 건데, 미리 계획하지 않았기 때문에 제 길로 간 거 같아요. '나는 이렇게 해야지, 저렇게 돼야지' 이런 식으로 미리 계획하지 않고, 그냥 주어진 것들, 관심 있는 것들, 해보고 싶은 것들을 하다 보니까 자연스럽게 그런 방향으로 길이 나진 것 같아요. 요즘은 '계획적으로 살아야 하나?' 하는 고민도 하는데, 사실 먼 계획을 세우는 성격은 아니기든요. 나이를 먹으면서, 시대가 흐르면서 그때그때 저도 계속 변하기 때문에 미리 계획하고 싶지 않더라고요. 그냥 흘러가는 것에 자연스럽게 따라가려고 했던 것 같아요. 지금의 제 모습 역시 전혀 계획한 게 아니고요.

하나하나 가다 보니 나만의 길이 만들어진 건가요.

무계획일 순 있지만 현재에 충실하고 최선을 다했던 것 같고, 그것에 대해 한 번도 후회한 적은 없어요. 그때그때 저의 100%를 순간순간 쏟았고, 제 온 집중을 현재에 쏟았던 것 같아요. (다만) 지금은 나이를 먹고 앞자리가 바뀌고 나니까 '이제는 계획을 조금은 해야 하는구나' 하는 생각은 들어요. 20·30대는 제 성향으로도 잘 해왔던 것 같은데, 앞으론 지금까지 해왔던 걸 기반으로 차근차근 숨 고르면서 좀 더 여유 있게 하나씩 하나씩 해야겠다, 지금까진 경보

하듯 빠르게 왔다면 지금은 호흡을 길게, 조금 신중해야겠다는 생각은 들어요.

나이가 쌓이면서 삶의 태도가 많이 변하신 것 같습니다.
그렇다고 할 수 있죠, 당연히. 간혹 인터뷰하면 이런 질문을 받아요. "춤이 뭐냐." 사실 제 인생에서 춤이 굉장히 중요하고, 춤이 가장 큰 자리를 차지하긴 하지만 춤이 제 인생의 전부는 절대 아니고. 제 인생을 최선을 다해 행복하게, 내가 가진 재능을 가장 잘 끌어낼 수 있고, 내 인생에서 내가 더 근사하게, 더 괜찮은 사람으로 살 수 있도록 해주는 게 춤인 거거든요. 그렇기 때문에 춤을 추고 춤에 관련된 작업을 계속하는 거지, 춤에 이끌려 다니고 싶지는 않아요. 제 인생에서 제가 주체인 거고, 제가 행복하고 잘 살고, 괜찮은 사람으로 살기 위해서 같이 해나가는 것이지 '춤이 제 인생의 전부예요', '춤을 위해서 살고 있어요', 이렇게 제 개인적인 삶을 다 제쳐두고 춤에 목매지는 않아요. 물론 지금도 춤추는 게 제일 즐겁고 행복하긴 해요.

춤, 그 자체보다 춤을 추는 '내 인생'이 더 중요하다는 의미인가요.
돌이켜보면 30대 중반까진 누구보다 미친듯이 춤을 췄던 것 같아요. 춤에 대한 내 욕심과 자존심 때문에 힘들어하기도 했고요. 그런데 나이가 들면서 나를 돌아보게 되고 나 자신을 더 소중하게 대하게 되면서 삶의 방향에서 내가 중심이 된 것 같아요. 그래서 춤을 대하는 삶의 태도가 중요하다는 생각이 들었고요. 그 전엔 내 삶의 방향이 춤을 향해 있었다면 지금은 춤이 내 삶의 방향을 향하도록 노력하고 있는 것 같아요.

과거로 돌아가 보겠습니다. 춤을 제일 처음 췄던 때를 기억하시나요.
다 기억나죠. 7살 때 처음 췄는데, 7살, 8살, 9살, 10살 다 너무 잘 기억이 나서(웃음).

어떤 계기로 춤을 추게 됐나요.
엄마가 제 언니랑 저를 무용학원에 보냈어요. 그때는 무용 전문학원이라기보단 동네 에어로빅 같은 걸 가르치는 곳이었어요. 전영록의 '불티', 정수라의 '아 대한민국' 이런 노래에 맞춰서 춤을 췄어요. 지금도 동작이 기억나는 게 있어요. 즐겁고 재밌어했거든요. 이후에 제가 좋아하고 재능도 있다는 걸 엄마도 알게 되고. 본격적으로 배운 건 9살 때. 국가대표 선수를 꿈꾸면서 리듬체조를 배웠죠. 리듬체조 같은 경우는 발레 동작을 기본으로 하거든요. 그래서 리듬체조 선생님이 발레를 좀 더 배우라고 해서 발레학원을 갔는데, 발레학원에서 '발레를 전공하면 좋겠다'고 하더군요. 그래서 본격적으로 발레를 계속하게 됐어요.

춤을 업으로 삼아야겠다는 생각을 굉장히 어렸을 때부터 한 거네요.

9살 때부터 한 거죠.

발레를 하다가 고등학생 때 현대무용으로 방향을 트셨다고요.

발레로 서울예고에 입학해서 현대무용을 부전공으로 처음 배우게 된 거예요. 그때 현대무용을 사실 처음 접한 거고, (그 전까진) 현대무용 자체를 잘 몰랐어요. 발레는 항상 핑크색 무용복에 쉬폰 치마를 입고, 예쁘고 아름다운 동작을 해야 하는데 현대무용에선 검정색 타이즈를 신고, 머리도 하나로 묶어서 수업을 하더라고요. 발레 토슈즈도 신지 않고 맨발로 춤을 추고. 좀 더 자유로운 거죠. 발레에서 느끼지 못했던 자유로운 표현이나 동작들, 외형이나 감정적인 것들이 당시 저의 성향으로 봤을 때 꼭 맞는 옷을 입은 거 같은 거죠. 되게 흥분이 됐었어요. 마침 현대무용 선생님이 "진엽이는 현대무용하면 잘 하겠다. 잘 어울린다"는 말씀을 수업시간에 그냥 흘러가는 말로 하셨던 것 같은데 그게 저한테 딱 꽂혔던 거예요. '아! 나 현대무용해야 되는구나'라고 생각해서 고2 때 전과를 했죠. 다행히 발레에서 그동안 기본을 잘 쌓아놔서 금방 현대무용했던 친구들의 실력을 따라가고, 1등도 하게 되면서 더 신이 난 거죠. 현대무용 갓 배웠는데 성적이 좋게 나오고 무용대회에서 금상도 받고. 그러다 보니 점점 더 욕심이 생기고, 잘 하고 싶고. 그래서 올인을 했던 거 같아요. 지금 생각해보면 한예종에 들어가서도 그렇게 열심히 할 수가 없어요. 제 스스로, 자발적으로 그렇게 했던 거 같아요. 내가 1등을 해야지 이런 것보단 현대무용을 하는 것 자체가 신나고 즐겁고 가장 잘 하고 싶은 일이었던 거 같아요. 그래서 욕심도 되게 커졌었고.

체질에 맞는 현대무용을 하면서 안에 있던 잠재력이 폭발한 거군요.

즐거웠다는 게 마냥 즐겁다는 건 아니고요. 사실은 너무 힘들죠. 체력적으로 이걸 해내는 건 굉장히 힘든데, 마음으로는 굉장히 욕심이 나는 것? 나 스스로 지금은 못하더라도 계속 열심히 하면 잘 할 수 있을 것 같은, 나 스스로에 대한 기대가 있었던 것 같아요. 나의 가능성을 스스로 조금은 느꼈던 것 같고. 그러면서 굉장히 많은 상상을 했어요. 현대무용을 하면서 앞으로 이런 걸 하고 싶고, 해외에 나가서 춤도 추고 싶고. 현대무용으로 바꾸고 꿈이 되게 커졌던 것 같아요.

원론적인 질문인데, 춤을 추는 게 왜 그렇게 좋으셨나요.

그냥 운동신경이 좋았던 것 같아요. 무용하기 전 5~6살 때도 항상 뛰어다니고, 동네 담벼락을 기어 올라가고. 어렸을 때는 그 성향이 드러나잖아요. 굉장히 활동적이고 모험심이 강해서 위험한 데를 잘 올라타고. 가만히 있지 못하는 성격? 그런 성향이 춤을 추면서 더 드러난 거고요. 특히 춤은 몸뿐 아니라 생각이나 감성, 감각이 같이 가는 것이기 때문에 저의 모든 것들을 온전히 다 끄집어낼 수 있거든요. 그런 것들이 저한테는 더 흥미가 있었고, 그랬기 때문에 지금까지 할 수 있는 게 아닌가 싶어요.

지금의 나를 만든 게 무엇이라고 생각하시나요.

흠…, 어렵네요. 그냥 저의 기질? 제가 남들보다 타고 났다는 건 아니고, 태어날 때부터 제가 가진 기질이 지금 제가 가는 길과 잘 맞았던 게 아닌가 하는 생각은 들어요. 제가 흥미가 없는 일에는 금방 지치고 싫증 내고, 변덕도 심하거든요. 그런데 (춤은) 내가 하고 싶고 욕심이 나고, 스스로 나 하는 일에 만족하고 성취감을 느끼는 일이기 때문에 저의 능력이 스스로 잘 나왔던 것 같아요.

제가 춤을 잘 만났어요. 그래서 여태까지 잘 해왔지만 아직도 제가 모르는 부분들이, 가능성이 있을 거란 기대를 해요. 스스로 저도 모르는 가능성을 계속 테스트해보고 싶은 생각이 있어요. 그게 다 성공하지는 않겠죠. 실패도 많이 하겠죠. 힘들기도 하고. 그렇게 하나씩 발견해 나가면서 사는 게 저 스스로 뿌듯한 일인 거 같아요. '내가 내 인생을 잘 이끌어가고 있구나. 그래도 쓸모있는 인간으로 잘 살고 있구나.'

어떤 무용수로 기억되고 싶으신가요.

나이 들면서 용기가 사라지는 게, 여태껏 해온 게 있고 쌓아온 게 많기 때문에 '공든 탑이 무너질까' 하는 두려움이 있잖아요. 그런 생각을 떨치려고 해요. 다음 작업을 했는데, 실패할 수 있죠. 사람들이 악평을 할 수 있는데, 그렇다고 여태까지 했던 게 다 사라진다고 생각하지 않아요. 보통 30대 후반, 40대 중후반 작업들이 전성기라고 하는데, 저의 욕심은 사실 조금씩 나아지고 싶죠. 옛날 작업이 미스터피스라고 하고 싶진 않은 거예요. 죽기 직전의 마지막 작품이 마스터피스였으면 좋겠어요. 내공이 쌓여서 완성도도 더 있고, 저를 잘 표현할 수 있는 완결편을 마지막에 잘 만들고 싶은. 지금까지는 과정인 거 같고, 사실 제가 봐도 많이 부족하고 만족스럽지 못한 부분도 있기 때문에.

그런데 또 그런 건 있어요. 예술가들이 마스터피스를 남기고 싶은 건데, 사실 저는 제가 남았으면 좋겠어요. 그냥 그런 작업을 했던 사람이라고 더 기억됐으면 좋겠는 거? 어떤 작품 하나가 좋아서 그게 남는다기보단, 여태껏 내가 해왔던 행보들, 작업들, 그런 걸 했던 사람이라고 차진엽이 기억됐으면 좋겠어요.

마지막으로, 스물에게 전하고픈 메시지가 있다면.

제가 그럴 만한 사람은 아니라…. 그냥 저는 그랬던 거 같아요. 제가 어렸을 때는 개인주의 성향도 강하고 자기중심적으로 생각하고, 그렇다고 남에게 피해를 주진 않았지만, 남들이 봤을 땐 굉장히 이기적으로 보일 수도 있고 그랬을 텐데. 한편으론 저는 저 자신을 조금 더 소중하게 생각했으면 좋겠어요. 어차피 스쳐 지나가는 일이나 사람들은 내 인생에서 다 스쳐 지나가기 때문에 자기 자신을 조금 더 소중하게 생각하고 대하고 바라보면 주변의 힘듦이나 무수한 일들에 대해 조금은 마음을 비워낼 수 있는 거 같거든요.

저도 엄청나게 많은 일이 있었어요. 주변 사람들 때문에 힘든 것도 너무 많고, 괴롭히는 사람도 많고. 그런 것들에 조금 의연할 수 있었던 건 제 자신이 그런 것에 휘둘리고 싶지 않아서였어요. 어쨌든 그것은 흘러가는 일이고, 그래서 나한테 더 집중하려고 했고, '나는 잘 할 수 있을 거야'라는 최면을 스스로 걸면서 살았던 거 같아요. 자기 자기한테 용기를 주면서 나를 정면으로 바라볼 수 있는 마음가짐이 중요한 것 같아요.

자꾸 제 3자의 눈으로 자기를 보잖아요. '내가 이렇게 입고 나가면 사람들이 뭐라고 할까', '머리 스타일을 바꾸면 사람들이 뭐라고 하겠지?' 이런 식으로 자꾸 2인칭, 3인칭 관점으로 자기를 바라보기 때문에 내가 좋아하는 것을 정작 못하는 경우가 많아요. 내 인생을 1인칭 관점으로, 내가 바라보는 것에 더 집중하고, 내가 나를 소중하게 대하면, 무언가를 하는 데 조금 더 용기가 생기는 것 같아요.

자꾸 2인칭, 3인칭 관점으로

자기를 바라보기 때문에

내가 좋아하는 것을

정작 못하는 경우가 많아요.

내 인생을 1인칭 관점으로,

내가 바라보는 것에 더 집중하면

무언가를 하는 데

조금 더 용기가 생기는 것 같아요.

진　솔

지휘자 겸 게임음악 스타트업 대표

02 ─ 어린 시절의 방황은 내 인생의 무기

"제가 지휘자가 되고 회사를 차린다?
상상조차 못 할 일이었죠."

정말이다. 주목받는 신예 지휘자 진솔에게
이토록 아픈 상처가 있을 줄은 상상도 못 했다.

'대구 MBC 교향악단 전임 지휘자',
'게임음악 스타트업 플래직 대표',
'예술단체 아르티제·말러리안 예술 감독',
'한예종 부설 한국예술영재교육원 지휘자' 등 갖고 있는 직함만 5개.

진 대표는 어떻게 어두운 과거를 딛고
클래식계 도전의 아이콘으로 우뚝 섰을까.
그녀가 아픈 '상처'를 인생의 '무기'로 바꾼 방법.

이것만으로도
그녀의 인생 변주곡에 귀를 기울여야 할 이유는 충분하다.

'질풍노도疾風怒濤'의 시기라지만 진솔 대표에게 몰아친 바람[風]과 물결[濤]은 유독 거셌다. 학교는 홀로 싸우는 전쟁터였다. 급식실로 몰려가는 친구들을 등지고 화장실에서 혼자 컵라면을 먹었다. 교실에 돌아오면 이유 없는 공격이 날아왔다. 피 터지게 맞서도 봤다. 혼자 일곱 명을 상대해야 했지만 돌아온 건 정학 처분이었다.

'누군가 나를 싫어하지 않았으면 좋겠다'라는 게 유일한 삶의 목표였던 탓일까. 진 대표의 방황은 학교를 졸업하고 나서도 끝나지 않았다. 대입에 실패했고 가출이 잦아졌다. 부모님과의 갈등의 골은 더욱 깊어졌다. 날이 갈수록 반항심만 늘었다. 재수 학원과 피시방만 좀비처럼 오가던 그녀에게 처음으로 '장래희망'이 생긴 건 아이러니하게도 이 반골 기질 때문이었다.

"세이지 오자와라는 유명한 일본 지휘자가 있어요. 그분의 지휘를 보고 감명받아서 나도 지휘를 해보고 싶다는 생각을 했거든요. 그런데 아버지가 심하게 반대하시는 거예요. '여자가 지휘? 성공 못 할 일이야'라면서요. 하지 말라고 하니까 더 오기가 생기더라고요. 그날로 집을 나와 부모님 몰래 입시 준비를 시작했죠."

플래직을 운영하는 동시에 대구 MBC 교향악단 전임 지휘자를 맡고 있는 진 대표.
그녀는 지휘자와 CEO의 자리가 말 한 마디로 사람을 움직이고 조직을 이끈다는 점에서 '같은 일'
이라고 말한다.   (사진제공=플래직)

흔한 레슨도 받지 못했다. 입시 정보가 있는 것도 아니었다. 작곡가 아버지와 성악가 어머니 덕에 어린 시절부터 자연스레 익혀온 음악 감각 하나만 믿고 홀로 시험 준비를 했다. 언감생심이었던 한예종에 합격했을 때를 떠올리며 진 대표는 "하늘이 기회를 주신 것이라고밖에 설명할 수 없었다"고 회상했다. 거칠게만 흘러가던 그녀의 인생 1악장에 경쾌한 멜로디 한 줄이 흐르는 순간이었다.

"합격한 게 그만큼 말이 안 되는 상황이었거든요. 입학하고 나서도 한동안 적응을 못 했어요. 저 빼고 전부 (모)범생이더라

그녀의 지휘에서 가장 돋보이는 건 뜨거운 열정과 에너지다. 지휘하는 모습만 봐도 클래식 음악과 오케스트라, 그리고 클래식 산업에 대한 지휘자 진솔의 애정이 어느 정도인지 짐작할 수 있다.

(사진제공=플래직)

고요.(웃음) 그러다 장학금을 받아보겠다고 출석에 신경쓰기 시작했는데 정신을 차리고 보니 제가 수석이 돼 있는 거예요. 어느새 안경 끼고 책만 들고 다니고. 그런 과정을 몇 번 거치고 나니까 지금의 제가 있더라고요. 하면 되는구나. 노력하면 되긴 되는구나. 전 안 되는 줄 알았거든요."

수석으로 대학을 졸업한 진 대표는 2012년부터 전문 지휘자로서 본격적인 행보를 시작했다. 그러나 세상은 그녀에게 쉽게 길을 터주지 않았다. '여성 지휘자가 존재할 수 있다'는 사실조차 생경하던 시기. 진 대표는 "여자라는 이유로 겪어야 했던 설움과 분노의 경험이 나를 더욱 단단하게 만들었다"고 말한다.

"어린 여자 지휘자라는 이유로 아래로 보는 사람들이 많았어요. 20대 초반에 어린이 합창단을 우연히 맡게 됐는데, 제가 담당한 아이들도 여자가 리더라는 이유로 무시를 당하더라고요. 서류 심사로 채용되는 오케스트라에서 저만 리허설 면접을 따로 본 적도 있고요. 처음엔 분노했지만 '내가 많은 역할을 할 수 있겠구나'라는 사명감이 생겼어요. 사람들이 여성 지휘자를 받아들이는 데에는 시간이 필요한데, 제가 그 시기에 놓여 있는 거잖아요."

남다른 사명을 갖고 묵묵히 지휘봉을 휘두른 8년(2019년 기준). 진 대표의 커리어는 어느새 그녀가 짊어진 고민의 두께만큼 두텁게 쌓였다. 대구 MBC 교향악단, 경기필하모닉, 국립합창단 등 굵직한 오케스트라를 이끌었고, 그 사이 독일 만하임 국립음악대로 유학도 다녀왔다.

그녀는 지금의 자신을 있게 한 가장 큰 강점으로 '도전정신'을 꼽는다. 5개의 직함이 말해주듯 진 대표는 클래식계에서 도전의 대

명사다. 대학을 졸업하자마자 전문 연주 단체 '아르티제'를 설립해 공연을 만들고, 연주가 까다롭기로 유명한 작곡가 '말러리안'의 전곡을 연주하는 프로젝트를 진행하는 등 용기있는 시도를 끊임없이 하고 있다. 그리고 그 용기의 원천은, 다름 아닌 어린 시절의 '상처'였다고 진 대표는 말한다.

"마음 한 편에 항상 어렸을 때의 내가 존재해요. 도전을 망설일 때마다 그 친구가 말을 걸어요. '너 이렇게 힘든 일도 있었는데, 지금 뭐가 힘들어?' 그러면 지금의 제가 답하죠. '그러게. 할 만하지. 지금은 더군다나 혼자도 아닌데. 여기서 못할 게 뭐 있겠어?' 그게 용기 같아요. 어른이 돼서 한순간 용기가 생긴 게 아니라 이런 것들이 모여 저를 만든 거죠."

차근차근 지휘자로서의 입지를 다져 온 20대가 지나가고, 2017년부터 진 대표의 인생 템포가 다시 빨라졌다. 거칠고 공격적인 1악장과 달리 활기차고 열정적인 선율이 삶의 악보를 가득 메웠다. 그간 체감한 클래식 음악계의 한계와 '게임 덕후' 기질을 바탕으로 게임음악 스타트업 창업이라는 완전히 새로운 도전을 시작한 것이다.

"방황하던 시기에 게임을 달고 살았어요. 갈 곳이 피시방밖에 없었으니까. 중독도 됐었어요. 밤새도록 게임만 하면서 '만렙'(최고 레벨) 찍고, 모든 게임을 랭커(순위권)가 돼야 접을 수 있었죠. 제가 게임 덕후고 직업은 지휘자니까 게임 음악과 오케스트라 연주를 결합해보자는 생각을 자연스럽게 하게 됐어요. 게임 산업에도, 클래식 업계에도 꼭 필요한 서비스라는 판단도 있었고요."

플레직 전까지 국내에는 게임 음악을 실제 오케스트라 공연으로

최근 플래직이 주최·주관한 게임 음악 공연인 '월드오브워크래프트 콘서트'를 보기 위해 몰려든 사람들. 진 대표는 지휘를 하며 자신의 상처를 치유했던 경험을 더 많은 사람들과 나누고 싶다고 말한다. (사진제공=플래직)

만들 수 있는 플랫폼이 없었다. 게임사들이 직접 해외 오케스트라를 수소문해 연주 영상을 찍어오는 것 외에 다른 콘텐츠를 만들어내기 어려웠다. 반면 국내 클래식 업계는 일거리가 없어 연주자들의 몸값이 하염없이 줄고 있는 상황. 두 산업의 수요와 공급을 잇는 방식으로 진 대표는 게임음악 오케스트라 공연기획사 '플래직'을 창업했다.

"앞으로 제가 지휘자로 활동하는 데 방해가 될 가능성이 큰 사업이었어요. 안 좋은 시선이 생길 수 있으니까요. 그래도 용기를 냈어요. 세상은 '도전정신'과 '덕후스러움'을 갖고 있는 사람들이 자신의 용기를 갖고 각 분야를 선점하면서 바꿔가는 거라고 생각하거든요. 다행히 반응이 좋아요. 공연을 하면 관객들이 난리가 나요. 클래식 업계에서도 환영해 주시고요."

"어린 시절의 자신을 늘 마음에 품고 살아간다"는 진 대표의 표현처럼 집단 괴롭힘의 상처는 시간이 지나도, 나이가 들어도 쉬이 사라지지 않는다. 지금도 마음 한구석에서 이 인터뷰를 지켜보고 있을 어린 자신에게 서른 살의 그녀는 어떤 말을 전하고 싶을까. 자신에게 해주고 싶은 이야기가 있느냐고 묻자 무거운 침묵이 흘렀다. 어렵게 입을 떼는 진 대표의 눈시울이 점점 붉게 물들었다.

"저는 걔를 정말 아껴요. 원인도 모르고 마음고생을 많이 했거든요. 이런 미래가 있을 줄은 꿈에도 몰랐을 거예요. 그럼에도 꾸역꾸역 잘 버텨준, 지금의 나를 있게 해준 그 애가 기특하고 고마워요. 지금도 나태해지고 감사함을 모를 때마다 어디선가 쳐다보고 있을 것 같거든요. 몇 년 전까지만 해도 걔를 나의 어두운 면, 상처라고 여겼어요. 지금은 '장점', '나의 무기', '방패'. 그러니까 '잘 견디고 살았다', 이 얘기해주고 싶어요."

자기소개 부탁드립니다.

지휘자로 활동하고 있는 진솔이라고 하고요. '플래직'의 대표를 맡고 있고, 예술단체 '아르티제·말러리안'의 예술감독과 대구MBC 교향악단의 전임 지휘자를 맡고 있습니다. 2019년부턴 한예종 부설인 '한국예술영재교육원'에 초빙돼 지휘자로 출강을 하고 있고요.

하는 일이 다양합니다.

일단 '플래직'은 제가 2017년에 창업을 한 스타트업이에요. 게임음악을 가지고 클래식 연주자 아티스트와 게임 음악을 연결해주고 있죠. 게임 음악을 실제 연주로 들어볼 수 있도록 저희가 중간에서 기획과 중개를 해주는 업체인데, 나아가선 클래식 아티스트들에게 정규직 일자리를 제공하는 게 목표입니다.

'아르티제'는 대학 졸업하면서 만든 전문 연주 단체인데요. 여기서 프로젝트로 1년에 한 번씩 진행하고 있는 게 '말러리안'이에요. 말러 교향곡 전곡을 연주하겠다는 목표를 가지고 어떻게 보면 대책 없이 만든 건데…. 클래식을 잘 아시는 분들은 이게 얼마나 말도 안 되는 일인지 아실 텐데요. 말러라는 사람이 약간 이념적인 존재예요, 클래식 하는 사람들에게 있어서. 난도가 굉장히 높고 매우 길고. 돈은 돈대로 엄청 많이 들어요. 인원이 100명 정도 필요하고 비싼 악기도 대여를 많이 해야 하거든요. 공간도 엄청 커야 하고. 돈은 돈대로 들고 인력 동원도 힘든데 곡은 또 어렵고. '나 말러 전곡 할거야'라고 하면서 클래식 시상에 내놓는다는 건 굉장히 큰 용기가 필요했어요.

플래직에서 하는 일에 대해 좀 더 자세히 말씀해주세요.

모든 게임엔 제작 당시에 쓴 음악이 있잖아요. 저희가 그 음악을 제작하는 건 아니고요. 굉장히 인기를 끈 게임의 경우 유저들이 게임 음악을 실제로 듣고 싶어해요. 게임 페스티벌 같은 걸 하면 연주팀이 따로 필요하기도 하고요. 이런 게임 연주 수요에 맞춰 음악 선정이나 편곡, 연주자 섭외, 프로그램 기획 등을 종합적으로 하는 것이죠. 드라마나 영화음악 같은 경우는 그런 식의 기획이 꽤 많잖아요. 블록버스터급 영화음악은 세계적으로 인기가 많고, 그래서 악보 작업이 재출판돼서 쉬운 악보부터 유튜버들이 자신만의 편곡을 해서 올리기도 하고. 저희는 게임 음악을 가지고 그런 작업을 하는 것이죠. 지금껏 우리나라에선 그 분야의 전문인력이 없어서 국내 게임사들도 동유럽에 돈을 지불하면서 맡기곤 했거든요. '그걸 굳이 해외로 가져갈 필요가 있을까? 우리가 할 수 있는데'라는 고민 끝에 시작을 했고요.

동시에 제가 클래식 업계에 도움이 되고 싶었어요. 잘 아시다시피 순수 예술계가 세상을 따라가는 게 좀 느려요. 그러다 보니 연주자들의 공급은 많은데 수요가 없어서 다들 백조처럼 살 거든요. 겉은 화려한데 다리를 계속 휘저어도 안 되는. 제가 그 풀pool 안에 있다 보니 매우 안타깝더라고요. '어떻게 하면 좀 더 수익을 늘릴 수 있을까', '내부 파이로는 그 돈이 다 그 돈이고 외부의 새로운 시장에서 가져왔으면 좋겠는데, 그게 어딜까' 하다가 게임 생각이 나더라고요. 제가 사실 게임 덕후거든요. 그래서 도전을 하게 됐어요.

이제 지휘자님의 인생 얘기를 들어보고 싶습니다.
음악은 언제 처음 시작하셨나요.

부모님께서 클래식 음악을 하던 분들이셔서 자연스럽게 접했고요. 서너 살 때부터 악기를 배우기 시작했어요. 성악가이신 어머니 덕분에 노래하기를 즐겼고, 작곡가이신 아버지 덕분에 다섯 살 때 작곡도 혼자 해보고요.

음악으로 진로를 결정한 시기는 언제인가요.

제가 질풍노도의 시기 때 방황을 좀 많이 했어요. 약간 성격이 도전적이어서 집에서 말도 안 되는 요구를 하거나 상황이 납득이 안 되면 뛰쳐나가는 성향이 있었죠. 제가 지휘를 하고 싶어했는데 아버지께서 반대를 하셨어요. '여자가 지휘? 성공하지 못할 일이야'라면서. 할 거면 피아노나 성악을 하라고 하셨죠. 당시 어르신들 생각이 다 비슷비슷했을 거예요.

제가 빈둥을 하면시 갑자기 집도 나가고, (부모님께) 소통을 아예 안 했어요. 그러면서 한예종 입시를 몰래 준비했는데, 우연찮게 붙었어요. 정말 운 좋게, 감사하게도 합격을 했죠. 그런데 학교 들어와서 보니까 애들이 너무 (모)범생인 거예요. 전 범생이 기질이 아니다 보니 왜 아침 9시에 학교를 가야 하는지도 모르겠고, 선생님께서 왜 저한테 뭐라고 그러는지도 몰랐어요. 학점도 처음엔 안 좋았죠.

그런데 어느 날 갑자기 장학금이 받고 싶어졌어요. 당시에 별로 한 일이 없는 거 같은데 장학금을 받은 친구가 있었거든요. '대체 뭐길래 장학금을 받지?' 싶더라고요. 나도 한번 받아봐야겠다 싶어서 수업을 제대로 나가기 시작했어요. 그렇게 작정하고 수업을 듣기 시작한 다음 학기에 전교생 중 차석이 됐어요. 기분이 이상하고 사람들도 낯설어하더라고요.

그때 딱 들었던 생각이 '열심히 하면 되는구나'였어요. 전 안 되는 줄 알았거든요. 어렸을 적부터 제가 반항을 잘하다 보니까 어른들이 안 좋아했어요. 그런데 제가 태도가 바뀌고 차석을 하니까 '쟤 열심히 하는 애잖아'라면서 절 보는 시선이 바뀌더라고요. '어? 이 시선 낯설다' 하면서도 어느새 제가 안경을 끼고 차림새도 범생이처럼 돼 있더라고요. 이런 걸 매우 즐기면서부터 계속 수석만 하고. '여기서 떨어지면 안 돼' 하는 강박도 약간 생기면서 열심히 했죠. 짧은 시기에 제가 되게 많이 변했어요. 소위 말하는 '양아치'였는데.(웃음) '이상하다? 원래 내가 이런 애가 아닌데' 하는 과정을 몇 번 거치고 나니까, 어느 날 눈떠보니 '어? 유학 와 있네?', '어? 지휘를 하고 있네?' 이런 거죠.

가끔 뭐에 맞은 것처럼 과거의 제가 떠오를 때가 있어요. '맞아. 나 집도 나가고 그랬었는데, 지금의 내가 어떻게 이렇게 됐지?'라면서 다시 돌이켜 생각을 해보면 이런 과정을 겪었더라고요. 하고 싶은 걸 쟁취하기 위해 단계별로 목표를 설정해요. 그런데 그 목표가 그렇게 길지 않았어요. '20년 뒤에 뭐가 될 거야' 이런 게 아니고 '이번 학기에 이거 해야지', '다음 학기에 이거 해야지' 하는 식으로 짧은 목표를 설정하고 움직였는데, 그게 지금의 저를 만들어준 것 같아요.

부모님 반대를 무릅쓰면서까지 지휘를 하고 싶었던 이유가 뭔가요.
세이지 오자와라는 굉장히 유명한 일본 지휘자가 있어요. 그분의 지휘를 보고, 제가 너무 감명을 받아서 '이거 해야겠다'면서 시작을 했어요. 당시에 많이 어렸으니까 '왜 안 돼? 안 되는 거 싫어' 하는 오기가 가장 컸고요. 젊을 땐 다 그렇잖아요. 하고 싶은데 못 하게 하면 오히려 더 하고 싶어하는.

여성 지휘자로 활동하며 힘든 적은 없나요.

20대 초반에 어린이합창단을 우연히 맡게 됐는데 어리고 곱상한 여자이기 지휘를 한다고 하니까 조금 아래로 보시는 분들이 많았어요. 다른 지휘자 선생님들에 비해 어린 건 맞으니까 아래로 보실 수도 있죠. 제가 충격이었던 건 제가 담당한 합창단 아이들이 제가 리더라는 이유로 아래가 되더라고요. 그때 너무 충격을 받고 '내가 뭔가를 더 노력해야 해'라는 사명감이 생겼어요. '내가 좀 더 얼른 잘 돼야지' 하는 게 있었죠.

한 청소년 오케스트라 지휘에 지원했을 때도 비슷한 일이 있었어요. 거기에서 '여성을 뽑은 적이 없어서 당신만큼은 리허설 면접을 봐야겠다'고 하시는거죠. 다른 사람들은 서류 심사만으로 채용을 했는데. 아마추어 분들이 저를 판단하시겠다는 걸 놔뒀어요. 그걸 넘어서야 된다는 생각이 들어서. 그때는 힘들었지만, 지금은 좋은 경험이었다고 생각하죠. 당시엔 자기들도 (여성 지휘자가) 익숙하지 않은 상황이었으니 '우리가 확인을 해봐야겠어' 이런 거였다고 생각해요.

아직도 여성이 지휘를 한다는 걸 낯설어하는 분들이 많아요. 싫어하시는 건 아닌데 '그거 좀 이상한 거 아닌가?' 하시는 거죠. '지휘자 하면 어떤 사람이 떠오르나요'라고 물어보면 보통 이런 식으로 답할 거예요. 머리가 희끗한 중년의 남성 분. 아버지, 가장의 느낌. 혹여 젊더라도 '노다메 칸타빌레'(편집자 주: 니노미야 토모코 작가의 원작 만화를 기반으로 일본에서 드라마와 영화 등으로 각색돼 많은 인기를 누림)에 나오는 젊은 남자 지휘자 이미지? 어디에도 여성 지휘자는 없어요. '나라는 존재를 누군가에게 받아들이게 하는 시기이고, 그러려면 시간이 필요하겠구나' 하는 생각을 많이 해요. 여성 지휘자라는 걸 (이 사회가) 자연스럽게 받아들일 때까지 많은 역할을 해야겠다는 사명감이 있죠.

게임 덕후라고 하셨는데, 언제부터 게임을 좋아했던 건가요.
아까 말씀드린, 그 방황하던 시기에 게임을 내내 달고 살았어요. 학교 안 가고 PC방에 가고 그랬죠. 사실 부모님과의 갈등 얘기만 했는데 학교 다닐 때도 제가 정학을 받은 적이 있어요. 7대 1로 싸워서. 제가 1이고요. 저는 정의로운 사람이기 때문에. 정말 솔직히 말씀드리면 고등학교 때 몇 달 동안 밥을 누구랑 먹은 적이 없었던 적도 많았어요. 혼자 어디에 숨어서 라면만 먹고. 혼자 밥 먹는 모습 보이기 싫으니까 보통 화장실 들어가서 먹고. 그런 환경에 놓이면 자연스럽게 PC방에 가게 돼요. 어딘가에 머물고 싶은데 갈 데가 없으니까. 그렇게 간 PC방에서 모든 게임을 섭렵했죠. 모든 게임을 랭커가 돼야 접을 수 있었을 정도로 게임 중독이었어요. 현실에서 만족하지 못하는 걸 거기서 채웠을 수도 있는데…. 아무튼 그러면서 게임 음악을 자연스럽게 많이 들었던 거죠.

게임 덕후에 지휘자라는 직업이 더해져 '플래식'이 만들어진 거군요.

전 뭔가의 덕후가 좀 더 나은 세상이 되는 데, 도약을 하는 데 큰 역할을 한다고 생각해요. '너 지금 하는 거, 그거 좀 아닌 거 같아'라는 말을 들어본 사람들, 무시도 받아보고 괄시도 받아본 사람들이 약간의 반항심과 애정을 결합해 좋은 합을 만들어 내는 것 같아요.

젊은 나이에 방황도 많이 했지만 그만큼 도전도 많이 한 것 같습니다.

제 삶이 파고가 심했던 것 같아요. '나는 실패했나?' 하는 생각도 중간중간 계속했던 것 같고요. 질풍노도의 시기에 위험한 생각을 할락 말락 하기도하고. 이런 것들이 모여 나를 성장하게 했는데, 스스로 도약할 때마다 느끼는 게, 당시의 내가 각각의 위치에 잘 올라온 게 너무 감사하다는 생각을 하죠.

마음 한 편에 어렸을 때의 내가 항상 존재하는데 가끔 이런 생각이

드는 거죠. '너 이랬었는데. 이런 경험도 하고 저런 경험도 했는데, 지금 뭐가 힘들어?' 그러면 '그러게. (지금은) 할 만하지. 더군다나 혼자도 아닌데…' 지금은 만나서 뭔가를 도모하는 사람들이 있다는 것만으로도 감사하고 감동이에요. 저는 외동이기도 한데, 혼자였던 시기가 많아서였는지 몰라도 외로웠던 것 같아요. 그래서 지금 환경이 매우 감사하고 '여기서 못할 게 뭐야' 하는 게 있어요.

직업에 대한 만족도는 얼마나 되나요.

지휘자가 직업 만족도 세계 1위를 한 적이 있어요. (지휘를 하면) 수명이 늘어난다는 연구결과도 있고요. 스트레스를 받는데 너무 느슨해지지도 않고, 운동과 머리 쓰는 일을 동시에 하는 거라서 알츠하이머에 걸릴 확률도 낮다고 하고요. 다방면으로 좋은가 봐요.

그런데 결국 지휘자는 어떤 단체의 가장 위에서 통솔하는 입장이잖아요. 리더 체질이 아닌데 '나는 음악을 너무 좋아하고 세계적인 지휘자 누구를 동경해' 하면서 지휘자를 하고 싶은 분들은 좀 힘들어하실 수도 있어요. 생각처럼 그림을 연출할 수 있는 존재가 아니라, 말 한마디 한마디를 어떻게 하느냐에 따라 사람이 다르게 움직이거든요. 때로는 내 음악적 욕심이나 고집을 조금 버리고 사람들의 편의에 맞춰야 할 때도 있고. 그런 융통성을 가진 존재여야 해서 감수성만 가득한 분들은 힘들 수 있을 것 같아요. 저는 그런 면에선 조금 이성적이고 이과녀 같단 말도 많이 듣는 편이라 만족하고 있어요.

지금의 나를 있게 한 가장 큰 힘이 있다면.

도전정신인 것 같아요. 이런저런 전례가 많다 보니 크게 주저하는 시간 없이 행동했던 것 같고 어떻게 보면 내 캐릭터의 하나로 자리잡아 버린 게 아닌가…. 도전을 계속하는 사람이라고. 그런데 그게 저만의 특징이라기보단 아까 말씀드린 덕후도 그렇고, 각 계층에서 뭔가를 시도하고 도전하는, 덕후스러움을 갖고 있는 사람들이 자신의 용기를 갖고 선점 하는거죠. '말 한번 꺼냈으면 한다. 적자가 나든 누가 욕을 하든 한다' 하고 쭉 했더니 좋게 봐주시는 분들이 더 많고 알아봐 주시는 분들도 많아지는 거죠.

어린 시절의 방황이 지금의 캐릭터를 만든 것일 수도 있겠네요.

저는 결핍의 미학을 믿거든요. '큰 고생을 해야 돼. 헝그리정신이 필요해'라는 나쁜 뜻이 아니고. 어떤 특정한 환경에서 결핍이나 고난을 어떻게 해결했는지, 거기서 어떤 교훈을 얻었는지, 이런 것들이 미래에 굉장한 효과를 가져다줄 수 있다고 생각해요. 뭔가에 도전하는 사람들은 다들 그런 걸 겪었을 거예요. 그런 걸 겪었기 때문에 자연스럽게 뒤에서 뭔가 미는 힘이 있는 거죠.

마지막 질문으로 '스물에게 한 마디 해주세요'라고 물어보는데 지휘자님껜 특별히 '학창시절의 나에게 해주고 싶은 말'로 마무리를 하고 싶습니다.

(오랜 침묵 뒤에) 저는 되게 걔를 아껴요. 많이 혼났는데, 걔가. 원인도 모르고 많이 혼나고 고생을 했는데, 잘 견뎠다. 그걸 잘 견뎌서…. 이거 눈시울이 너무 붉어져서…. (숨을 고른 뒤) 과거의 제가 견뎌준 게 고맙고, 기특하고 그래요. 이런 미래가 있을 줄 꿈에도 몰랐을 텐데, 그냥 꾸역꾸역 버텼던 걔가 되게 기특해요. 지금의 저를 있게 해줘서 고맙고. 내가 좀 나태해지고 감사함을 모를 때마다 걔가 어디선가 쳐다보고 있지 않을까 생각이 드는데, 그때도 고맙죠. 20대 중반까지는 (그때의 내가) 상처라고 생각했는데, 지금은 장점, 나의 무기, 방패, 이런 생각이 들어요. 그래서 '잘 견디고 살았다', 이런 말 해주고 싶어요.

전 결핍의 미학을 믿거든요.

어떤 특정한 환경에서

결핍이나 고난을 어떻게 해결했는지,

거기서 어떤 교훈을 얻었는지,

이런 것들이

미래에 굉장한 효과를

가져다줄 수 있다고 생각해요.

스물
처럼

조 광 진

다음 1위 웹툰 「이태원 클라쓰」 작가

03 ─ 지금의 나를 만든 것도 괴롭힌 것도 꿈

'돈을 더 내도 좋으니 빨리 다음 화를 내놓으라'고
독자들의 성화를 받는 만화가 있다.
지난 크리스마스 땐 이런 소원이 댓글 창에 달려
팬들 사이에 놀이처럼 유행이 됐을 정도니
그 인기가 어느 정도인지 짐작이 간다.

"산타 할아버지, 올 한 해 착하게 살았으니
완결까지 미리 볼 수 있게 해주세요."

남녀노소 불문 최고의 인기를 구가하고 있는
웹툰 『이태원 클라쓰』 얘기다.
『이태원 클라쓰』는 다음 웹툰 매출·평점 랭킹 1위를
기록하며 효자 노릇을 톡톡히 하고 있는 작품.

스토리 전개만으로 독자를 들었다 놨다 하는
『이태원 클라쓰』의 조광진 작가는 도대체 어떤 삶을 살아온 걸까.

편집자 주 : 조 작가가 『이태원 클라쓰』를 연재하던 기간에 인터뷰가 진행됐습니다.

『이태원 클라쓰』는 이태원의 호프집 '꿀밤'을 배경으로 한 청춘 만화다. 작가의 표현을 빌리자면 "재벌의 갑질로 모든 것을 잃은 한 남자의 복수극"을 다룬다. 그에게 '호프집'을 소재로 택한 이유를 묻자 "그림을 잘 못 그려서"라는 의외의 답이 돌아왔다.

"제가 만화하는 사람 치고 그림을 잘 못 그려요. 작붕(작화붕괴)도 심하고. 스토리텔링이 뛰어나다고 생각하지도 않거든요. 그래서 기획을 파고든 거죠. 이태원 클라쓰 기획 당시에 '호프집' 만화가 없었어요. 남들이 하지 않는 소재를 다뤄야 연재될 확률이 높다고 판단했죠. 마침 제가 호프집 아르바이트를 한 적이 있어서 아는 게 많은 분야이기도 했고요."

'신선한 소재' 전략은 광진 작가의 아르바이트 경험과 맞물려 생생하게 살아 숨 쉬는 웹툰을 만들어냈다. 『이태원 클라쓰』에는 작가가 호프집에서 일하며 보고 듣고 느낀 모든 것이 응축돼 있다. 주인공 '박새로이'의 이름도 함께 일했던 매니저에게서 따왔다.

"만화 초반에 새로이가 반말하는 손님에게 한마디 하며 직원을 감싸는 장면이 나와요. 제가 아르바이트를 할 때 손님들이

콘티를 짠 후 인물의 구도를 잡는다. 광진 작가는 화면에 바로 펜을 대고 그릴 수 있는 모니터를 이용한다.

'야, 알바' 하면서 반말하는 게 듣기 싫었거든요. '사장님이 감싸주면 좋을 텐데' 생각했던 걸 표현한 거예요. 지금까지 경험했던 일들, 멋있다고 생각한 사람들 이야기가 만화에 그대로 담겨 있는 거죠."

하지만 작가는 "불의에 굴복하지 않는 주인공 '박새로이'는 나와 거리가 있는 사람"이라고 말한다. 대신 새로이는 그가 되고 싶었던 '가장 이상적인 영웅'의 결정체다.

광진 작가는 주인공 박새로이의 '빡빡머리'를 보고 처음엔 주변에서 다들 말렸다며 웃었다.

"오해를 많이 하시는데 새로이는 제 성향과 많이 달라요. 캐릭
터가 멋지고 단단하잖아요. 그동안 살면서 '이랬으면 좋았을
텐데' 후회했던 경험들을 새로이를 통해 푸는 거죠. 주인공을
보면서 속 시원하다고 해주시는 독자들이 많은데 저 역시 새
로이를 그리면서 카타르시스를 느껴요."

현실에 있을 법한 입체적인 등장인물들, 매회 독자를 안달 나게
하는 스토리 전개. 『이태원 클라쓰』를 보다 보면 웬만한 인생살이
로는 얻기 힘든 작가의 내공이 느껴진다. 아니나 다를까. 그의 인생

굴곡 그래프는 예사롭지 않은 기울기를 자랑한다.

"중학생 때 만화 『슬램덩크』와 『나루토』를 보는데 너무 재밌어서 소름이 끼치더라고요. 그때 만화가가 되고 싶다는 꿈이 생겼어요. 제가 시골에서는 '그림 좀 그리는 애'였거든요.(웃음) 집이 부유하지 못한 편이라 닥치는 대로 아르바이트를 하면서 만화 공모전에 응모하고 떨어지고를 몇 년 동안 반복했어요."

공사현장, 호프집, 휴게소, 물류센터 아르바이트까지 안 해본 일이 없는 그였지만 정작 '만화가'의 꿈은 쉬이 손에 잡히지 않았다. 그렇게 꿈과 경제적 곤궁 사이에서 신음하던 스물여섯, 작업실을 구할 돈을 벌기 위해 취직한 한 공장에서 그는 인생을 바꿔놓을 사고를 '스스로' 저질렀다.

"순간의 허세로 차를 사버렸어요. 카푸어가 된 거죠. 그때 반장형이 이런 말을 하더라고요. '꿈이 있는 널 보면서 대견했었는데, 차 할부 때문에 여기서 일하는 거면 좀 실망이다.' 일하는데 형 말이 자꾸 맴도는 거예요. '할부를 다 갚으면 서른인데 내가 그때 만화를 시작할 수 있나? 꿈이랑 완전히 단절되는 거 아닌가?'"

'꿈'을 잃을지도 모른다는 두려움에 광진 작가는 그날로 공장을 박차고 나왔다. 얼마 후 있을 공모전에 붙을 수 있겠다는 자신감도 있었다. 그러나 세상이 어디 그렇게 호락호락하던가. 공모전에서는 보기 좋게 떨어졌고 진짜 시련은 그때부터 시작됐다.

"믿었던 공모전에서 탈락하고 얼마 후 차 사고까지 냈어요. 당장 버는 돈이 없으니 대출을 하게 되고, 이걸 다른 대출로 돌려막고, 나중엔 차 담보대출로 막고 하다 보니 어느새 빚이 7,000만 원까지 불어나더라고요. 순식간에 인생이 망한 거예요. 지금 생각해보면 제정신이 아니었던 게 그 와중에 긁기 복권을 미친 듯이 샀어요. 공사장에서 막노동하고 돌아와서 복권 긁고. 그러다 빚을 포기했어요. 인생을 포기해버렸어요."

빚과 절망밖에 남지 않은 인생이라고 생각했다. 하지만 아이러니하게도 그에게는 여전히 '꿈'이 마음 한편에 더욱 단단히 자리 잡고 있었다. 광진 작가는 "인생이 망했다고 생각하니 오히려 꿈에 '올인'이 가능하더라"고 그때를 회상했다.

"빚을 갚기 위해 살 필요가 있나? 어차피 망한 것, 죽기 전에 꿈이라도 한 번 이뤄봐야겠다 생각이 들더라고요. 태어나서 그렇게 열심히 해본 적이 없어요. 시골 방구석에 처박혀서 그림만 계속 그렸어요. 마지막이다 싶었던 공모전에서 또 떨어졌는데 '이제 만화가 뭔지 알 것 같다'는 감이 오는 거예요. 그때 유명 만화 포털에서 연락이 왔죠. 그렇게 '그녀의 수족관'이라는 작품으로 데뷔를 하게 됐어요."

광진 작가가 스물일곱 살에 가까스로 얻어 낸 웹툰 작가 데뷔는 그런대로 성공적이었다. 고정 독자층이 생겼고 웬만한 직장인 부럽지 않은 수입도 얻게 됐다. 문제는 여기서 멈추기엔 그가 가진 '꿈'의 크기가 너무 컸다는 것.

그는 프로 작가의 안정적인 생활을 포기하고 다음의 웹툰리그(아마추어 작가들이 독자 평가로 연재 기회를 얻는 시스템)에 새 웹툰을 올리기 시작했다. 『이태원 클라쓰』의 초기 버전인 『꿀밤』이 그렇게 탄생했다.

"주변에서 다 말렸어요. 결혼해서 애도 있는데 왜 그런 모험을 하냐. 이제는 웹툰 관계자가 아닌 독자들에게 평가받고 싶었어요. 그래서 도전만화부터 시작한 거고요. 그 모험이 없었다면 지금의 이태원 클라쓰도 없었겠죠."

색을 칠하고 배경을 넣는 작업은 보통 어시스턴트(일명 '어시')에게 맡긴다. 한 회 최소 70컷 이상을 소화하려면 어시는 필수다.

데뷔 4년 차에 다시 한번 스스로를 벼랑 끝으로 내몰아 얻어낸 『이태원 클라쓰』의 성공. 광진 작가는 부와 인기, 명예를 한 번에 거머쥐게 됐다. 『이태원 클라쓰』는 현재 드라마화가 결정됐고 『롯 폰기 클라쓰』라는 제목으로 일본에서도 인기를 얻고 있다. 그러나 그는 "이태원 클라쓰가 내 인생작은 아니다" 라고 말한다.

"과분한 사랑을 받고 있습니다. 하지만 그런 성과들로 작품성 이 결정되는 건 아니잖아요. 기쁘고 감사하지만 '내가 짱'이라 는 생각은 없어요. 제가 실력은 모자라도 만화 보는 눈은 높거든요. 제 눈에는 스스로가 항상 부족한 만화가예요. 그래서 제 인생 목표는 '그리고 죽었을 때 아쉽지 않은' 인생작을 남기는 거예요. 아직은 내공이 부족하죠."

그래서였다. "꿈을 이뤄 기쁘지 않느냐"라는 기자의 질문에 그가 "아직 도중에 있다"고 답한 이유가. 광진 작가에게 '꿈'이란 어떤 의미일까.

"저는 남 밑에서 일하는 게 잘 맞는 체질이거든요. 일 그만둔다고 하면 모든 사람이 저를 잡았을 정도로요. 그냥 그렇게 일하면 편하게 살 수 있었을 텐데 만화가라는 꿈 때문에 다른 일을 못한 거죠. 그래서 데뷔 전에 '꿈이 나를 괴롭힌다'는 생각을 한 적이 있었어요. 그러면서도 내세울 것 하나 없는 제게 꿈은 '자부심'이기도 했고요. 나는 꿈이 있는 사람이고 그러므로 내 미래는 밝을 테니까. 지금의 나를 만든 것도, 괴롭힌 것도 '꿈'인 셈이죠."

인터뷰 당시 광진 작가가 아홉시를 위해 그려준 웹툰 컷.
오른쪽이 『이태원 클라쓰』의 주인공 박새로이, 왼쪽은 조이서다

자기소개 부탁드립니다.

웹툰 『이태원 클라쓰』를 그린 조광진입니다.

『이태원 클라쓰』에 나오는 소재를 선택한 이유가 궁금합니다.

이태원 클라쓰는 호프집을 배경으로 한 만화인데요. 재벌의 갑질로 모든 것을 다 잃은 한 남자의 복수극이죠. 당시에 호프집을 소재로 한 웹툰이 없었어요. 블루오션인 만큼 연재 확률이 높겠다 싶어서 시작하게 됐고요. 개인적으론 호프집 아르바이트를 많이 경험한 터라 아는 분야라고 생각하기도 했습니다.

작가 데뷔는 언제 하셨나요.

스물일곱 살 때 '그녀의 수족관'이라는 만화로 데뷔를 했고요. 레진코믹스에서 3~4년간 연재를 하다가 (레진코믹스란) 플랫폼 성향이 저와 잘 안 맞는 것 같아서 다음DAUM의 웹툰리그로 연재를 다시 시작했죠. 이 웹툰리그가 아마추어 시스템인데, 여기로 다시 도전한다고 했을 때 주변에서 많이 말렸어요. '네가 그래도 돈을 받는 프로작가였고, 결혼해서 애도 있는데 왜 그런 모험을 하느냐'고. 그런데 사실 레진 기성 작가 투고란에 『이태원 클라쓰』의 초기 버전인 『꿀밤』을 냈는데 그게 떨어졌어요. 이렇게 떨어지면 보통 다른 소재를 선택하는데 『꿀밤』은 독자들에게 평가를 받고 싶은 거예요. 그래서 도전만화부터 시작했죠.

처음엔 『꿀밤』의 반응이 좋지 않았다고요.

약간의 자만심이 있지 않았나 싶어요. '그래도 내가 3~4년 연재를 했던 사람인데, 아마추어분들보단 낫지 않을까' 하는 생각이 있었는데, 그야말로 자만이었던 거죠. 다음 웹툰리그가 랭킹전 시스템인데, 되게 아슬아슬하게 패스를 했어요. 저한테 화가 좀 났죠. 저로선 나름 인생을 건 모험을 한 건데, '이게 내 최선인가?' 싶더라고요. 그래서 처음부터 끝까지 다 엎었어요. 제목도 피디님과 상의해서 『이태원 클라쓰』로 바꿨죠.

『꿀밤』과 『이태원 클라쓰』의 차이점은.

우선 캐릭터가 다 달라요. (주인공인) 박새로이 캐릭터는 (두 곳에서 모두) 소신 있고 묵직한 스타일이지만 꿀밤 땐 지금보단 더 우직하고 바보 같은, 그래서 주변을 잘 못 보는 캐릭터였는데, 이태원 클라쓰에선 현명함을 약간 더 넣었어요. 조이서도 꿀밤 땐 이야기를 끌고 가기가 너무 힘들었어요. 평범한 애였거든요. 그런데 '소시오패스'라는 키워드를 하나 넣으니까 이야기를 풀어가기가 조금 쉬워지더라고요.

주인공 박새로이를 통해 말하고 싶은 메시지가 있었나요.

박새로이는 제 성향하고는 많이 달라요. 굉장히 멋지고 단단한 캐릭터잖아요. 저하곤 거리감이 있는 사람인데, 제가 그렇게 되길 바라는 히어로 같은 인물이 아닌가 싶어요. 제가 못하고 아쉬웠고, 후회했던 것들을 이 캐릭터로 풀어냄으로써 약간의 카타르시스를 느끼는 것 같아요. 이태원 클라쓰를 처음 생각할 때부터 삼고 싶었던 주제는 간단해요. '소신 있게 살자.'

만화 소재를 선택할 때 주로 어떤 생각을 하시나요.

제가 만화를 그리는 사람 치곤 그림을 잘 못 그려요. 제대로 기본이 안 돼 있어서 작붕(작화 붕괴)도 심하고. 스토리텔링이 뛰어나지도 않아서 '내가 어디로 비벼야 하나'라는 생각을 많이 하죠. 그래서 기획 쪽을 파고드는 편이에요. 드라마나 영화는 1~2시간 내에 기승전결을 보여주면 되잖아요. 만화는 매화마다 기승전결이 있어야 해요. 다음 화를 보고 싶게 해야 하니까. 그냥 흘러가듯 보내버리면 그 지점에서 독자들이 떠날 수 있으니까 '호흡을 어떻게 가져갈까' 하는 생각을 많이 하죠.

만화가가 되겠다고 생각한 건 언제였나요.
중학교 때부터였던 것 같아요. 만화 『슬램덩크』와 『나루토』를 보는데 너무 재밌어서 소름이 끼치더라고요. 이런 소름을 다른 사람도 느끼게 할 수 있으면 좋겠다고 한 게 '만화가가 되고 싶다'는 생각의 처음이었던 것 같아요.

만화란 게 스토리도 중요하지만 그림을 잘 그려야 하지 않나요.
제가 시골 학교에 다녔는데, 좀 그리는 애였어요. 그래서 제가 그림을 잘 그리는 줄 알았는데 막상 (도시로) 나와보니 못 그리는 애더라고요.(웃음)

만화가란 꿈을 이루기 위해 어떤 생활을 했나요.
체계적인 계획을 세우면서 산 건 아니고요. 집이 부유한 것도 아니어서 제 생활비는 스스로 벌어야 했어요. 친구들 3~4명과 함께 살면서 일하고 남는 시간 쪼개 공모전 한 번 내보내고 그랬죠. 공모전 떨어지면 또 일하다가 내보고, 또 떨어지고.(웃음) 그래서 일은 다양하게 해봤어요. 인력사무소 통해 공사현장도 많이 다녔고요. 호프집 아르바이트도 많이 했고, 휴게소, 물류센터, 공장 등등. 다양하게 많이 했습니다.

만화가가 아닌 다른 걸 해볼 생각은 안 했나요.
오히려 그런 생각을 할 수가 없어서 힘들었어요. 데뷔하기 직전에 문득 '꿈이 나를 괴롭힌다'는 생각이 들더라고요. 사실 제가 일을 다 잘 했어요.(웃음) 일 그만둔다고 하면 모든 사람이 저를 잡았어요. 어렸을 때부터 엄마가 '남의 돈 먹기 힘들다. 주인의식을 가지고 열심히 일해야 한다'는 말씀을 자주 하셨거든요. 어떻게 보면 저는 위에 있을 때보다 남 밑에 있을 때 힘을 발휘하는 사람인 것 같아요. 남 눈치 많이 보고, 칭찬받고 싶고. 그래서 남 밑에 있을 땐 굉장히 열심히 일하고 칭찬도 받고, 돈도 꾸준히 잘 벌고 그랬는데, 만화 때문에 다른 일을 계속 할 수가 없는 거예요. 나중에는 꿈을 포기를 못하니까 '꿈이 나를 괴롭힌다'는 생각이 있었던 것 같아요.

'꿈이 없었으면 그냥 주어진 일 하고 살았을 텐데' 하는 생각인 건가요.
내가 아르바이트생이고, 집이 잘사는 것도 아니고, 내세울 거 하나 없는 애인데, 그런데 꿈이 자부심이기도 했어요. 제가 다른 사람에게 당당할 수 있는. 전 꿈이 있는 사람이었으니까. 제가 당당할 수 있었던 것도, 제가 힘들었던 것도 만화가라는 꿈 때문이었던 것 같습니다.

결국 꿈을 이루셨네요.
(꿈을 이루는) 도중이라고 생각합니다.

이태원 클라쓰가 다음 1위 웹툰에 오를 만큼 인기를 끌었는데요.
과분한 사랑을 받고 있습니다. 그런데 사실 랭킹은 그렇게 중요하지 않아요. 기쁘고 고마운 일임은 분명하지만, 랭킹으로 작품성이 결정되는 건 아니잖아요. 굉장히 기쁘지만 '내가 짱이다' 그런 생각은 없어요.(웃음) 저는 모니터링을 잘 합니다. 부족한 걸 다 인지하고 있어요.(웃음)

이태원 클라쓰로 달라진 게 있다면.
일 때문에 달라진 건 딱히 없고요. (오랜 생각 후) 삶이 좀 풍요로워졌죠. 전에 빚이 많았거든요. 최근에 그 빚 다 갚고, 현재는 아내와 애랑 부족함 없이 살고 있죠.

빚은 어쩌다가 생긴 건가요.
사실 만화를 제대로 할 수 있었던 계기가 된 게 이 '빚'인데요. (만화가가 되기 전) 천안 공장에 들어간 적이 있는데, 거기서 돈을 벌어 6개월 정도 있을 작업실을 구하기 위한 목적이었죠. 그런데 그 돈으로 차를 샀어요. 스물여섯 살 때였으니 어렸던 거죠. 놀기 좋아하고 허세도 많고. 처음 목적과 달리 순간의 허세로 차를 사서 말 그대로 카푸어car poor가 됐는데, 하루는 반장 형이 그러는 거예요. "광진아, 너 차 샀다며? 그런데 형은 좀 실망이다. 네가 처음 작업실 구하러 들어왔다고 했을 때 나이에 안 맞게 대견해 보였는데, 차 할부 갚으려고 여기서 일하고 있는 거라면 형은 좀 그렇다." 일하면서 계속 이 형 말이 떠오르는 거예요. '차 할부를 다 갚으면 서른인데 내가 만화를 시작할 수 있나? 꿈이랑 완전히 단절되는 거 아닌가?' 그래서 바로 반장 형에게 "저 그만둘게요"하고 나왔죠.

사실 그때 한두 달 정도 살 수 있는 돈밖에 없었어요. 무슨 자신감이었는지 모르겠는데 공모전 하나 생각하고 나왔어요. 그리고 떨어졌죠.(웃음) 공모전 하나 믿고 공장을 그만뒀는데, 그것도 모자라 제가 차 사고를 냈어요. 그래서 이걸 대출로 막고, 다른 대출로 돌려막고, 나중엔 차 담보대출까지 하다 보니 어느새 빚이 7,000만 원까지 불어나 있더라고요. 순식간에 인생이 확 망한 거죠.(웃음) 당장 방세를 내려고 인력사무소를 찾아가 막노동을 하고 돌아와선 복권 긁고. 그러다 빚을 포기했어요. 제 인생을 포기해버렸죠. 스물여섯 살이었던 저에겐 너무 큰 돈이었거든요.

그런데 하루는 이런 생각이 드는 거예요. '이걸 갚으려면 평생이 걸릴 텐데, 빚을 갚기 위해 살 필요가 있나? 어차피 망한 것, 꿈이라도 제대로 이뤄봐야겠다.' 망하니까 오히려 올인이 가능하더라고요. 태어나서 그렇게 열심히 해본 적이 없어요. 시골 방구석에 처박혀서 그림만 계속 그렸어요. 마지막이다 싶었던 공모전에서 또 떨어졌는데, '어!' 뭔가 감이 오는 거예요. 이제 만화가 뭔지 알 것 같다는. 그래서 도전 만화 시스템에 만화를 연재했고, '그녀의 수족관'이라는 만화 2회차에 레진코믹스에서 연락이 와 데뷔를 한 것이죠.

만화가로서의 만족도는 최고일 것 같습니다.
직업적 만족도는 그 이상이죠. 제 꿈이었잖아요. 단 한 번도 후회한 적이 없습니다. 그런데 저 스스로에게 만족이 안 돼요.

스스로에게 만족이 안 된다니요.
저는 막사는 편인데 딱 하나, 만화 보는 눈은 좀 높아요. 어렸을 때부터 만화를 좋아하고 많이 봐왔는데, 그런 제 눈엔 제가 항상 부족한 사람이고, 만화인 거죠.

앞으로의 목표는 무엇인가요.
제가 만족할 만한 만화, 인생작이라고 할 만한 만화를 만드는 게 인생 목표죠. 죽을 때 '나 이거 그렸으니까 아쉽지 않아' 할 정도의 만화. 아직은 내공이 부족하죠.

마지막으로, 스물에게 해주고 싶은 이야기가 있다면.
다들 하시는 일 잘 되길 바랍니다.(웃음)

영 상 보 기 Youtube

1편

2편

QR코드를 스캔하면 위 인터뷰를 영상으로 보실 수 있습니다.

내가 아르바이트생이고,

집이 잘사는 것도 아니고,

내세울 거 하나 없는 애인데,

그런데 꿈이 자부심이기도 했어요.

내가 다른 사람에게 당당할 수 있는.

난 꿈이 있는 사람이니까.

이 찬 우

국내 1세대 토이 아티스트

04

—

일이 아니라 돈 버는 취미죠

'나이키', '리복', '푸마', '반스'….
이름만 들어도 로고가 절로 떠오르는
글로벌 스포츠 브랜드들의 러브콜을 한 몸에 받는 한국인이 있다.

이번 스토리의 주인공은 '쿨레인Coolrain'이라는 이름으로
더 유명한 국내 1세대 토이 아티스트 이찬우 작가다.

한때 애니메이션 외주 제작사에서 일하는
평범한 직장인이었던 그는
어떻게 글로벌 대기업의 주목을 받게 됐을까.

90년대 초, 지방에서 대학을 다니던 이 작가에게는 '하고 싶은 일'이 없었다. 졸업이 가까워오자 동기들은 전공을 불문하고 약속이나 한 듯 공무원 시험 준비에 매달렸다. 고시를 볼 생각이 없었던 그에게 뜻밖의 '꿈'을 만들어 준 건 우연히 접한 애니메이션이었다.

"원래 '취향'이랄 게 없는 사람이었는데 일본 애니메이션 『아키라』를 보고 푹 빠진 거예요. 이런 작품을 내 손으로 만들어 보고 싶다는 욕심이 생겼죠. 무작정 서울로 올라와 당시에 딱 하나 있던 애니메이션 학원을 다녔어요. 두 달 정도 배우고 바로 제작사에서 일을 시작했죠."

한데 '패기'만 넘쳤던 20대 청년이 한 가지 간과한 것이 있었다. 애니메이션 창작에는 그림 실력이 필수적이라는 사실이었다. 미술학원 근처에도 가본 적 없던 그는 '언젠가 한국에서 성공할 애니메이션에 스태프로 참여하는 것'으로 목표를 수정했다. 제작사에서 일하며 2D 애니메이션 촬영과 3D 모델링 기술을 익힌 것도 그 때문이었다. 그리고 그곳에서 이 작가는 '새로운 취향의 세계'에 눈을 떴다.

반스 신발을 제작하고 있는 이찬우 작가. 실제 신발과 같은 소재와 공법을 그대로 재현한다.

"회사 동료 중에 피규어를 모으던 친구가 있었거든요. 제가 좋아하는 영화나 애니메이션 캐릭터들이 실물로 구현될 수 있다는 게 마음에 들었죠. 한창 '월레스와 그로밋'이나 '치킨런' 같은 클레이 애니메이션 피규어를 모으다 취미 삼아 직접 만들어 봐야겠다고 결심했어요."

그림에 소질은 없었지만, 다행히 이 작가에게는 머릿속의 이미지를 컴퓨터로 구현할 수 있는 능력과 손재주가 있었다. 국내 전문가는커녕 유튜브조차 존재하지 않던 2004년, 그는 관련 해외 서적을

쿨레인의 대표작 '덩키즈'(왼쪽)와 NBA 선수 피규어(오른쪽). '나이키'와 '농구'는 그가 가장 사랑하는 조합이다. (사진제공=쿨레인스튜디오)

공수해 토이를 디자인하고 제작하는 기술을 독학하기 시작했다.

　이 작가가 토이 제작의 '신세계'를 맛본 그때, 그의 커리어에도 중대한 변화가 일어났다. 다니던 회사가 애니메이션 사업을 포기하면서 부서를 통째로 없애버린 것이다. 회사를 나온 이 작가는 동료들과 작은 팀을 꾸려 앞날을 장담할 수 없는 3D 제작 프리랜서 생활을 시작했다. 그가 한 가지 위안을 얻을 수 있었던 건 토이를 만드는 데 쏟을 수 있는 시간이 늘어났다는 사실이었다.

"나이키 브랜드를 좋아해서 비보이 피규어를 만들면서 나이키 옷하고 신발도 제작해 입혔거든요. 3~4년 동안 나이키 신발만 50켤레 정도 만들었어요. 좋아하는 걸 만들면서 취미 생활을 즐긴 거죠. 문제는 3년 넘게 프리랜서 생활을 하다 보니 시간이 많아서 피규어는 더 잘 만들게 됐는데 돈이 안 벌리는 거죠. 결혼해서 쌍둥이 아이들도 있었거든요. '피규어 제작을 계속하는 건 내 욕심이구나' 하는 생각이 들더라고요."

그토록 즐기던 취미였지만 더 이상 가족의 생계를 외면할 수는 없었다. 결국 이 작가는 지난 2007년 말 피규어 제작을 그만두고 다른 3D 회사에 재취업하기로 결심했다. 나이키코리아에서 '미팅하자'는 연락이 온 건 출근 3일 전이었다.

"4년 동안 만든 피규어를 블로그에 꾸준히 올려뒀거든요. 나이키에서 몇 년 동안 제 작업물에 관심을 두고 있었대요. 마침 잘 맞는 프로젝트가 있으니 같이 작업하자고 제안을 한 거죠. 미팅 끝나고 나오자마자 출근하기로 한 회사에 '못 가게 됐다'고 연락을 했어요."

이 작가가 만든 자신의 피규어를 들고 있는 NBA 선수 코비 브라이언트.
이 작가는 코비를 직접 만나 피규어를 전했다. (사진제공=쿨레인스튜디오)

3개월 만에 100켤레가 넘는 신발을 토이로 제작해야 하는 나이키 프로젝트는 그에게서 15kg의 체중을 앗아갔지만 '토이 아티스트'로서 제2의 인생을 열어준 '하늘이 내린 기회'이기도 했다. 나이키 전시에서 선보인 농구하는 원숭이 '덩키즈'가 영국의 유명 팝 아티스트 데이브 화이트와의 콜라보레이션으로 이어진 것이다. 이후 NBA, 푸마, 나이키 영국 본사, 브라질 축구 국가대표팀 등이 차례로 이 작가에게 손을 내밀었다.

"데이브 화이트 전시를 보고 NBA에서 연락이 오고, NBA 선수 토이를 보고 또 다른 곳에서 연락이 오는 식으로 계속 연결이 됐어요. 이니에스타 피규어를 만들어서 영국 나이키 광고도 찍고, NBA 선수 코비 브라이언트를 만나 그의 피규어를 직접 전해주기도 했어요. 농구 좋아한다고 코비를 만날 수는 없잖아요. 다 토이 덕분이죠."

이 작가기 본격적으로 토이를 만들기 시작한 지 10년. 그의 손에서 탄생한 토이만 수백 개에 달하고, 해가 지날수록 작품의 몸값도 배로 올랐다. 현재 연간 매출은 어림잡아 2~3억 원. 재료비 외에는 나가는 비용도 거의 없다.

"2010년도에 푸마와 함께 축구 선수 3명 만드는 건 150만 원을 받았어요. 2년 후에 나이키 영국에서 연락 왔을 때는 6개에 6,000만 원. 또 2년 후 나이키 브라질에서는 그 두 배를 받았죠."

토이 제작으로 웬만한 직장인 부럽지 않은 돈을 벌게 됐지만, 이 작가는 "여전히 토이 제작은 '일'이 아닌 '취미'"라고 말한다. 그저 '돈을 더 많이 벌게 된 취미'라는 것. 그래서일까. 그의 꿈은 우리가 흔히 '일의 목표'로 삼는 경제적 성공, 사회적 인정과는 거리가 멀다. 오히려 그것은 '덕후의 소망'에 가까웠다.

"여기까지 오게 된 게 어쨌든 『아키라』 덕분이잖아요. 토이 제작을 계속 잘 해서 언젠가는 원작자 오토모 카츠히로를 만날 거예요. 만나서 제 작품을 보여주고 '덕분에 이렇게 잘하고 있습니다'라고 말하고 싶어요."

'돈이 벌리는' 취미 생활을 즐기며 잘 먹고 잘 사는 것. 이보다 더 행복한 인생이 있을까. 그러나 세상살이가 이토록 간단하다면 인

토이로 가득 찬 작은 작업실에서 그는 하루에 12시간씩 앉아 피규어를 만든다.

생의 고통이 왜 존재하겠는가. '당연하게도' 이 작가가 이룬 성취의 이면에는 '취미'라는 단어로 담아낼 수 없는 인고의 시간과 노력이 숨어있다. 다만 그가 남들과 다른 한 가지는 '그 고통을 온전히 즐긴다'는 것이다.

"제가 좋아하는 걸 만드는 거니까 누구보다 잘 만들고 싶은 마음이 있어요. 재능이 있는지는 모르겠고 시간은 누구보다 많이 투자하려고 해요. 지난 10년간 하루에 최소 12시간은 앉아서 토이를 만들었어요. 사람들이 '일 중독' 같다고 하는데, 좋아하는 걸 잘 만들고 싶어서 노력하는 것뿐이에요. 그래서 토이 만들 때가 제일 기쁘고 즐거워요. 오랜 시간 일해도 힘들지 않죠."

이 작가가 엄지손가락만 한 신발에 소면보다 얇은 운동화 끈을 꿰고, 피규어에 40개의 데칼 스티커를 붙이는 모습을 세 시간가량 지켜봤다. '어후, 나는 못하겠다' 소리가 절로 나올 만큼 힘들어 보이는 작업이었지만 정작 이 작가의 표정은 누구보다 평온했다. 10년간 매일 12시간씩 한 자리에 웅크리고 앉아 핀셋을 쥐고 있었을 그를 상상해봤다. "그냥 좋아하기만 해서는 꿈을 이룰 수 없다"는 이 작가의 조언이 마음 한구석을 깊게 파고들었다.

"요즘에는 어떤 분야든 정보가 넘쳐나는 시대잖아요. 그런데 '토이 만드는 게 꿈이에요' 하고 찾아오는 사람들과 대화를 해보면 오히려 아는 게 별로 없어요. 조금만 검색해보면 얼마든지 좋은 작품들을 볼 수 있는데 말이에요. 정말 좋아하는 일을 하고 싶다면 많이 찾아보면서 스스로 공부를 더 하면 좋을 것 같아요. '난 이걸 좋아해', '내 꿈이야' 생각만 하지 말고 그만큼 시간과 열정을 투자해야 한다고 생각합니다."

자기소개 부탁드립니다.

오리지널 디자인 토이를 만들고 있는 쿨레인 스튜디오 이찬우입니다.

오리지널 디자인 토이라는 게 뭔가요.

피규어라는 게 대개는 애니메이션이나 영화 등의 원작에 나오는 캐릭터를 기반으로 하잖아요. 오리지널 디자인 토이는 디자이너가 실제 캐릭터 디자인을 해서 만든 것들입니다. 제가 농구를 비롯해 스포츠를 좋아해서 나이키 브랜드랑 콜라보를 많이 했고요. NBA 피규어도 제작하고 있어요.

만드는 과정을 설명해주세요.

아무래도 시간상으로 보면 제일 오래 걸리는 게 디자인. 아이디어가 빨리 나오면 제일 짧게 걸릴 수도 있는데.(웃음) 아무튼, 디자인이나 스케치를 하고 난 다음부턴 일반적인 토이 만드는 과정과 같은데요. 스컬피(편집자 주: 중합체 찰흙)라는 걸 가지고 손으로 만드는 경우도 있고, 요즘은 컴퓨터로 만들어서 3D 프린팅을 하기도 하고요. 그렇게 해서 입체를 만든 다음 실리콘으로 복제하고, 색칠하고. 패브릭 같은 실제 재질이 필요하면 그걸로 제작을 해서 완성합니다.

오리지널 디자인 토이를 처음 제작한 건 언제인가요.

'토이를 만들어야지' 하고 처음 만진 건 2004년 6월이고요. 그 전엔 3D 애니메이션 게임 회사에 다녔었고, 그 전엔 2D 애니메이션 촬영 쪽 일을 했었어요. 2D 애니메이션 회사를 간 건 애니메이션을 만들고 싶어서였는데, 제가 화학과 전공인 데다 그림을 잘 못 그려요. 제가 배운 것 가지곤 애니메이션을 만들긴 힘들겠다는 생각이 들어서 3D를 배웠죠. 3D 부서에서 모델링을 좀 하다가 클레이 애니메이션 부서를 가서 사포질하는 것도 보고 그러면서 많이 배웠죠. '나중에 기회가 되면 직접 만들어봐야지' 했는데, 2004년에 처음으로 직접 제작을 한 거죠.

화학을 전공했는데 애니메이션 쪽으로 취직한 이유가 뭔가요.

제가 지방대 출신의 90학번인데요. 당시엔 취향이라는 게 중요한 시절이 아니었어요. 다들 공사나 공무원 공부를 했어요. 저 역시 취향 같은 게 없었는데, 어느 날 우연히 '아키라'라는 일본 애니메이션을 봤어요. 너무 재밌더라고요. 그런데 그때도 '아, 저런 애니가 있구나' 정도지, 저런 걸 만들어야겠다는 생각은 또 못 했어요. 그런 쪽을 만드는 사람을 알아야 꿈을 꾸는데, 90년대엔 그런 생각 자체를 할 수가 없었던 거죠.

그러다가 90년대 후반 IMF 터진 이후에 애니가 황금산업이라면서 막 소개되기 시작하는 거죠. 그전엔 재팬애니메이션이 되게 음지의 문화였는데, 각종 영화 잡지에 애니 감독 인터뷰가 실리고 그랬어요. 그걸 보고서야 '아! 저걸 만드는 사람이 있구나' 하는 생각을 하고, 서울로 올라왔던 것 같아요. '나도 만들어보고 싶다'면서. 당시엔 서울도 애니를 가르쳐주는 학원은 한 개밖에 없었어요. 한두 달 정도 배우고 곧바로 (2D 애니메이션 회사에) 취직해서 4~5년 일했죠.

회사 일을 하면서 알았어요. (애니메이션을 만들려면) 그림을 잘 그려야 한다는 걸.(웃음) 그래서 꿈을 약간 바꿨어요. '한국에서 성공하는 애니메이션이 있다면 거기에 스텝 정도로 들어갈 수 있으면 좋겠다.' 그런데 (당시 한국 애니는) 다 망했어요. 성공한 게 없었어요. (웃음)

첫 회사에서 4~5년 정도 일하다가 좀 더 큰 회사로 옮겨서 2D 애니 일을 하다가 3D 애니 부서 가서 관련 일을 배웠죠. 그 부서에서 같이 일하던 친구 중 하나가 피규어를 모았어요. 그 친구 따라서 피규어를 모으다가 '한번 만들어봐야지' 생각했던 것 같아요. 이 피규어는 (그림을 못 그려도) 캐릭터를 컴퓨터로 만들 수가 있으니까 '할 수 있겠다' 싶더라고요. 그런데 그즈음에 제가 일하던 애니 사업부가 회사에서 통째로 없어졌거든요. 팀 동료들하고 함께 나와 외주 프리랜서 생활을 하게 되면서 일 없는 시간에 계속 피규어 제작을 했죠.

첫 제작을 했던 2004년부터 팀을 꾸려 전문적으로 작업을 한 건가요.
아니요. 그냥 취미였습니다. 그때는 유튜브도 없었고, 재료 구하는 것도 어려워서 해외 서적 구해서 공부하고 그랬죠. 디지털 애니메이션을 위한 초반 크리에이티브 작업, 뭐 이런 종류의 책을 보고 그냥 계속 따라 했어요, 취미로.

취미로 하다가 '이걸 일로 삼아야겠다'고 생각한 건 언제인가요.
그런 것 없습니다. 그냥 취미로 하다가 돈을 벌게 된 거고요. 지금도 취미입니다. 돈을 더 많이 벌게 된 취미죠. 그러니까 2004년부터 취미 삼아 시작해서 3~4년 동안은 그걸로 돈을 하나도 못 벌었죠. 사실 그게 직업이 아니었으니까 돈을 못 벌어도 상관이 없는 거죠. 그런데 (당시에) 제 작업물을 판매는 하지 않았지만, 블로그에 계속 올렸거든요. 조그맣게 전시 같은 것도 하고. 취미였는데 전시는 했어요. 이상하죠. 그죠? (웃음) 제가 나이키 브랜드를 좋아해서 비보이 피규어를 만들면서 나이키 옷하고 신발을 제작해 입혔거든요. 나이키 신발만 50켤레 정도 만들었던 것 같아요. 그런데 그런 작업을 나이키가 계속 보고 있었대요. 2008년에 연락이 와서는 내 작업과 성격이 맞는 프로젝트가 있으니 같이 하고 싶다고 한 거죠. 그렇게 시작한 거예요. 취미로 계속 작업하다가 어디서 돈 주니까 지금까지 계속 하고 있는 기에요.

나이키로부터 연락이 오기 전까진
취미로만 피규어 제작을 한 건데, 중간에 그만둔 적은 없었나요.

2000년대 후반에 그만두려고 했어요. 전에 다니던 회사에서 나와 프리랜서 생활을 3~4년 하면서 피규어를 만들었던 건데, 문제는 피규어는 점점 더 잘 만드는데 (프리랜서 일로) 돈을 벌기가 힘든 거죠. 당시엔 결혼해서 쌍둥이도 있었거든요. '이 생활을 계속하는 건 내 욕심이구나' 하는 생각을 했어요. 안 되겠다 싶어서 다시 3D 회사를 들어갈 결심을 했죠. 그런데 회사 출근 3일 전에 나이키에서 연락이 온 거죠. "미팅하자"라고. 그 미팅 끝나고 바로 그 3D 회사에 전화해서 '못 간다'고 하고선 나이키 작업을 시작했어요.

나이키의 제안이 인생을 바꾼 거군요.

그렇습니다. 그래서 고맙죠. 그 나이키 작업을 하면서 신발을 100켤레 넘게 제작했는데 3개월 동안 하루에 1~2시간씩만 자면서 작업을 했어요. 다 하고 나니 몸무게가 15kg 빠져있더라고요. 다시 15일 만에 되돌아오긴 했지만.(웃음)

나이키 이후엔 어디와 작업을 했나요.

당시에 나이키 쪽에 얘기해서 (애초 프로젝트가 아닌) 다른 피큐어 하나를 전시한 게 있어요. '덩키즈'라고 '덩크dunk'와 '몽키monkey'를 합친 이름인데, 덩크하는 원숭이죠. 그걸 데이브 화이트라는 유명한 영국 팝 아티스트 분께서 좋아해 주셔서 2009년에 예술의 전당에서 컬래버레이션을 하게 됐고요. 그러고 2년 후에 NBA에서 연락이 왔어요. NBA 토이 나오면서 국내 유명 힙합 그룹에서 연락이 오고. 그걸 보고 다른 데서 또 연락오고, 이런 식이었죠. 2014년엔 브라질 축구 대표팀하고 작업하고요.

피규어 제작에 재능이 있다고 느꼈던 건 언제인가요.

별로 그런 건 생각 안 하고요. 소질이 있다기보단 오히려 콤플렉스가 많았어요. 전공이 이게 아니니까. 처음 서울 와서 일할 때 '대학을 다시 가야 하나' 싶을 정도였죠. 디자인, 조소과 전공한 사람들이 너무 부러운 거예요. 그나마 다행인 게 머리로 상상하는 걸 3D로 만들 줄 알았던 거죠.

보통 프로모션 작업을 하면 최상위 브랜드를 해요. 그런 프로젝트 담당자를 만나면 다들 엄청 많은 걸 알고 배우고 전공한 분들이기 때문에 얘기를 나누면서 콤플렉스를 많이 느꼈어요. 프로젝트를 하면서 조금씩 자신감이 생겼던 것 같아요. 글로벌 브랜드 회사에서 연락을 해와서 같이 작업을 하는 건 어쨌든 그 사람들이 볼 땐 같이 작업할 가치가 있다고 생각하는 거니까요.

제가 좋아하는 걸 만드는 것이기 때문에 누구보다 잘 만들고 싶었어요. 그걸 잘 아는 사람들이 봤을 때도 멋있는. 그런 작업을 하려면 재능은 아닌데, 시간은 제일 많이 투자해서 앉아있으려고 했어요. 하루에 최소 12시간은 앉아서 일하려고 하고. (진지한 목소리로) 사실 15시간씩 일해야 하는데 조금 부족해요.

지난 10년 동안 계속 그렇게 일하셨다고요.

네. 지금도 누구보다 안 자요. 계속 일해요.

힘든 일이잖아요.

그래서 제일 친한 동생한테 체력 좋다는 얘기를 들었어요. 일반 체력은 없는데 일 체력은 있는 것 같아요.

마지막으로, 스물에게 하고 싶은 얘기가 있다면

좋아하는 것에 대한 정보 노출이 엄청 많잖아요, 요즘은. 그런데 막상 토이 만들고 싶다면서 사람이 찾아오면 아는 게 별로 없어요. 조금만 검색해보면 훨씬 더 좋은 디자인이나 토이 작품들을 볼 수 있는데, '토이가 너무 좋아요', '토이 만드는 게 꿈이에요'라면서 찾아오지만 알고 있는 게 너무 없어요. 자기가 꿈이라고 생각하는데 그것에 대한 정보가 너무 없는 거예요. 꿈이라고 생각하면 그만큼 시간을 투자해서 꿈을 이루기 위한 노력이 필요한 거잖아요. 그런 것들이 좀 더 있으면 좋을 것 같아요.

영 상 보 기 **Youtube**

QR코드를 스캔하면 위 인터뷰를 영상으로 보실 수 있습니다.

자기가 꿈이라고 생각하는데

그것에 대한 정보가 너무 없는 거예요.

꿈이라고 생각하면

그만큼 시간을 투자해서

꿈을 이루기 위한 노력이 필요한 거잖아요.

스물
처럼

이 정 성

故 백남준 아티스트의 테크니션

05 —

준비 없이 오는 행운은 없다

'비디오 아트의 아버지' 고故 백남준 작가의 작품을
감상하다 보면 한 가지 의문이 든다.
저 많은 텔레비전과 비디오는 누가 설치했을까?

음악과 미술을 전공한 백남준 작가가
직접 기계를 만들고 전선을 잇지는 않았을 터.
그래서 그는 '자신의 상상을 현실로 만들어 줄' 기술자가 필요했다.
거장의 선택을 받은 건
세운상가의 전자 기술자 이정성 씨다.
그는 1988년 작품이자 백남준의 대표작이라 불리는
〈다다익선〉을 시작으로 2006년 백 작가가 작고하기 전까지
20여 년간 비디오 아트 거장의 작품 설치를 담당했다.

TV와 전축을 고치던 평범한 수리공은 어떤 특별함으로
세계적인 예술가의 눈길을 사로잡았을까.

해방 직전 경기도 양평에서 태어난 이정성 씨는 10대 시절을 진공관 라디오와 함께 보냈다. 매일 밤 라디오에서 흘러나오는 달콤한 목소리를 들으며 깜빡 잠들기를 수차례. 라디오의 매력에 푹 빠진 이 씨는 "내가 이놈을 꼭 배우고 말겠다"는 일념으로 만 17살이 되던 해 홀로 상경했다.

"라디오를 내 손으로 만들어서 소리를 내 봐야겠다는 생각이 들어서 서울을 올라왔어요. 누님이 영등포에서 셋방살이를 하는데 거길 쫓아가서 학원을 다녔죠. 라디오를 내 손으로 땜질해서 소리가 쾅쾅 날 때는 세상 아무 것도 부러울 게 없었어요."

당시는 라디오에서 전축으로, 흑백 TV에서 컬러 TV로 기술의 세대교체가 급격하게 일어나던 시대. 이 씨는 세운상가에 들어가 전축, TV, 트랜지스터, 집적회로에 이르기까지 자신의 기술 지평을 부지런히 넓혀 나갔다. 새로운 기술이 나올 때마다 이전 기술은 모두 잊어야 하는 고된 과정이 반복됐지만, 그의 '성취욕'을 꺾을 순 없었다.

"기술은 도전의 연속이지. 끝이 없어요. 흑백 TV를 겨우 배웠다 싶으면 컬러 TV가 나오고. 지금도 마찬가지예요. 디지털

백남준 작가의 작품에 가장 많이 쓰이는 TV 모니터를 수리 중인 이정성 씨.
고장난 부분을 확인하는 것으로 작업이 시작된다.

TV가 나왔잖아요. 계속 도전을 해야 하는데, 성취욕과 도전정
신이 없으면 다 낙오해버려요. 매번 처음부터 새로 배운다는
게 쉬운 일이 아니거든요. 성취욕이라는 건 대단한 거예요. 어
려울수록 더 의욕이 생겨요. 밤새워 배워서 내 것이 되면 일할
맛이 나죠.”

남다른 ‘도전정신’과 ‘성취욕’으로 온갖 기술을 섭렵하며 보낸
25년. 라디오를 사랑하던 앳된 소년은 ‘하루 만에 뚝딱 전축을 만
들어내는’ 중년의 전자제품 ‘도사’가 됐다. 10대부터 치열하게 살아

고장난 곳을 찾으면 해당 부품을 교체해준다.
대부분의 제품이 단종된지 오래된 터라 부품을 구하기도 쉽지 않다.

온 그의 인생 자체가 거장을 만나기 위한 준비 과정이었던 셈이다.

'서울 청계천에 가면 탱크도 만들 수 있다'던 시절. 세운상가에서 '전자제품 도사' 소리를 듣던 이 씨의 가치를 처음 알아본 건 삼성전자였다. 1986년 열린 서울국제무역박람회SITRA에 거대한 '비디오 월'을 설치하는 일을 이 씨에게 의뢰한 것이다. 530여 대의 TV를 쌓고 비디오 입력 장치를 만들어 영상을 재생시켜야 하는 만만치 않은 임무였다.

"당시 TV에는 비디오 입력 장치가 없었어요. 그 장치를 새로 만들어가지고 TV 벽을 쌓으라는 거예요. 정말 어려운 작업인데 규모만 크지 '못할 건 뭐 있나' 싶더라고요. 한 번 해보겠다고 했죠. 지금 코엑스 자리에 설치를 했는데 고생을 많이 했어요. 그렇게 해서 박람회 날 완벽하게 작동하니까 삼성전자에서 무척 좋아했죠."

이 씨의 '못할 건 뭐 있나' 정신 덕분에 그해 바람회에서 삼성전자는 경쟁사였던 금성사(現 LG전자)의 코를 납작하게 만들 수 있었다. 바로 그 무렵이었다. 외국에서 활동하던 백남준 작가가 국내 기술자를 찾으러 한국 땅을 밟았다. 1,003대의 TV를 설치할 기술자를 수소문하던 백 작가의 물망에 이 씨가 오른 건 어찌 보면 당연한 수순이었다.

"백 선생님이 갑자기 찾아오셔서 '텔레비전 1,003대를 쌓을 수 있겠냐' 하시는 거예요. 셈을 해보면 간단해요. 530대나 1,003대나 규모만 크지 다를 것 없잖아요. '못할 거 뭐 있나' 했어요. 사실 겁이 없는 거죠. 세계적인 예술가가 전 세계에 생방송을 하겠다는데 만약 그날까지 가동이 안 되면 난리 나는 거예요. 지금 생각해보면 무모했죠."

세계적 예술가 백남준의 존재를 한국에 알린 1988년작 〈다다익선〉.
현재 과천 국립현대미술관에 전시 중이다. (사진제공=백남준 아트센터)

백 작가는 한술 더 떠 이 씨에게 두 달 만에 국내에 없던 '비디오
분배기'까지 만들 것을 주문했다. 그렇게 두 달이 흐르고, 전 세계
의 이목이 한국에 집중된 1988년 9월의 어느 날. 과천 국립현대미
술관에 설치된 1,003대의 모니터에 한 대도 빠짐없이 불이 들어왔
다. 교과서에도 실려있는 백남준 작가의 대표작 〈다다익선〉이 탄
생하는 순간이었다.

"백 선생님과 함께한 첫 작업인데 완벽하게 성공했으니 그 기
  분은 이루 말할 수 없어요. 내가 도전해서 배워놓지 않았으면

선생님이 '할 수 있겠냐' 물었을 때 '난 못해요' 했을 거 아니에요. 그럼 난 계속 아무것도 못 하는 거지. 인연이 온들 준비가 안 돼 있으면 소용없잖아요. 준비 없이 오는 행운은, 행운이 눈앞에 휙 지나가도 붙잡을 생각도 못 하는 거죠."

<다다익선>의 성공적인 데뷔 후 이 씨는 백 작가가 맡긴 몇 번의 전시 임무를 완벽히 수행해 거장의 신임을 얻었다. 그는 이후 20여 년간 백 작가와 함께 전 세계를 누비며 작품 설치를 도맡았다. '백남준의 파트너'로서 제2의 인생이 시작된 것이다.

"TV를 설치하다가 손과 허리를 많이 다쳐서 지금까지도 고생을 해요. 그래도 베니스 비엔날레에서 백 선생님이 황금사자상을 탔을 때, 내가 설치한 작품으로 베니스 바닥이 난리가 났을 때의 기쁨과는 바꿀 수 없죠. 뉴욕에서 열린 백 선생님 회고전에서는 가장 마지막에 제 이름이 불렸어요. 특히 수고했고 고마웠다고. 그때 나온 박수 세례를 잊을 수 없어요. 힘들고 어려웠던 게 그 순간 다 날아가 버리는 거예요."

세계적인 예술가의 '손'으로 산다는 것. 그 화려한 이면엔 감히 상상할 수 없을 만큼 무거운 부담감이 존재할 테다. 내가 한 모든

황금사자상을 수상한 베니스 비엔날레 독일관의 〈칭기즈칸의 복권〉(왼쪽)과 〈마르코 폴로〉(오른쪽)
(사진제공= 뉴욕 구겐하임 미술관)

일의 결과물이 세계적 주목을 받고 지울 수 없는 기록으로 남겨진다는 의미이기도 하니 말이다. 이 씨는 "그래서 나는 '완벽주의자'가 됐다"고 말한다.

"늘 중요한 것은 무슨 일이든 절대 대충해서는 안 된다는 거예요. 제가 백 선생님과 20년 가까이 생활하면서 기계 수백 대를 해외에 만들어 보냈어도 고장 나서 못 쓴 적은 한 번도 없어요. 나는 완벽주의자예요. 내가 한 일에 대한 평가는 내 뒤를 따라다니는 거야. 내 평가는 내가 만드는 거잖아요. 훗날 내 평가를 위해서도 완벽하게 하도록 노력해야죠. 그거 외에는 없어요."

온전히 영혼을 나눈 가족과도 같던 백 작가가 세상을 떠난 2006년을 떠올리며 이 씨는 "나 자신이 완전히 무無가 되어버리더라"고 회상했다. 그러나 하늘이 무너지는 슬픔도 잠시, 그는 남은 인생 역시 '백남준의 손'으로 살기로 결심했다.

"선생님이 돌아가셨다고 우물쭈물 물러날 게 아니고 내가 해야 할 일이 있구나 하는 생각이 들더라고요. 지금도 작품 유지·보수하고 전시 설치해주고 아카이브 만드느라 여유 있게 놀 시간이 없어요."

독보적인 기술력을 남긴 '성취욕', 안될 건 뭐 있냐는 '도전정신', 뼈를 깎는 노력으로 완성된 '완벽주의'까지. 그의 인생사를 들여다보면 누구도 이 씨의 성취가 그저 '백남준을 잘 만난 덕택'이라 말할 수는 없을 테다. 백 작가가 세상을 떠난 지 십수 년이 지난 지금도 수많은 작품이 이 씨의 손길을 필요로 하는 이유다.

"선생님과 함께 제 인생의 후반기를 충실히 살았잖아요. 굉장히 영광스러운 삶이었고 참 즐거운 생이었습니다."

자기소개 부탁드립니다.

백남준 선생님과 1988년 처음 작업을 시작해 백 선생님 돌아가실 때까지 함께 한 이정성입니다. 제 임무는 선생님 구상하는 작품을 만들어드리는 것, 어떤 기자는 저를 '백남준의 손'이라고 하더라고요. 적절한 비유라고 봐요. 선생님 돌아가실 때까지 제 인생의 후반기를 충실히 살았는데, 개인적으로 굉장히 영광스러운 삶이었고 참 즐거운 생이었습니다.

백남준 아티스트가 작고한 2006년 이후부턴 무엇을 하고 계신가요.

선생님 만난 이후부턴 다른 작가와 일을 해본 경험이 없어요. 유혹은 많이 있었죠. 그렇지만 백 선생님하고 일하는 것만 해도 굉장히 벅찼는데, 돈 몇 푼 알량하게 벌자고 한눈판다는 건 어불성설이다, 그 신조를 잊은 적이 없어요. 그래서 선생님 돌아가시고 난 뒤부턴 선생님께서 남기고 간 작품을 잘 돌아가게 관리해주고 수리해주고. 시간이 남으면 선생님 작품에 대한 아카이브 정리를 하고 있죠. 선생님이 특이하셨던 게 디테일한 정리를 안 하셨어요. 자기도 즐기고 함께 즐기는 것으로 만족하시지, 정리 같은 건 별 신경을 안 쓰셨거든요. 그래서 작품마다 중요한 아카이브가 없는 게 꽤 있어요. 요즘은 그걸 많이 하고 있습니다.

이정성 선생님께서 가진 기술은 어떤 건가요.
제가 1963년 이 동네(청계천 세운상가)에 들어와 기술을 배우기 시작했어요. 전축이나 라디오, 텔레비전 고치는 걸 배웠는데, 특히 영상 제품, 오디오는 옛날부터 내가 전문가였죠. 옛날엔 수리를 했지만 백 선생님과 같이 한 건 그 기술을 응용해 작품을 만드는 것이었으니까 딱히 그걸 수리라고 할 순 없고 전자제품 응용이라고 할 수 있겠죠. 하여튼 다양한 일을 했어요.

백남준 아티스트의 TV 설치 예술을
예로 들어서 선생님의 기술을 설명해주실 수 있나요.
선생님 작품은 크게 보면 두 가지 기술을 썼어요. 하나는 하드웨어를 변형시켜서 사람을 시각적으로 즐겁게 만드는 하드웨어 개조형. 또 다른 하나는 영상을 멋있고 예쁘게 하고, 영혼을 실어 편집하는 비디오 위주 작품. 저는 둘 다 했죠. 원래 비디오란 게 하나 틀면 텔레비전 하나에서 보는 식이었어요. 두 개로 볼 수가 없었어요. 그런데 선생님은 텔레비전 몇십 개, 몇백 개를 쓰잖아요. 그럼 텔레비전 분배하는 게 필요하고, 분배하다 보면 예쁘게 편집하는 것도 만들게 되고. 퍼포먼스를 하게 되면 다양한 변형을 만들어 드려야 하고. 별걸 다 만들었죠. 대표적인 게 과천에 있는 〈다다익선〉 작품. 이게 텔레비전 1,003대가 들어간 거죠. 1993년엔 백 선생님이 베니스 비엔날레에서 황금사자상이라는 엄청난 상을 탔는데, 그때 작품도 여기서(세운상가) 40일 정도 걸려서 만들었던 것이거든요. 세계 최고의 상을 타는 그 자리에서 제가 선생님 뒤에 서 있었다는 게 굉장히 즐거웠고, 그렇게 살았어요.

기계 만지는 걸 잘 하셨나 봅니다.

제가 옛날부터 전자제품 조립하고 만드는 데 도사 소리를 들었어요. 하루 저녁에 전축 한 대를 만들었으니까. 다양한 기술을 섭렵했었는데 재밌는 건 백 선생님과 세계를 다니면서 여러 나라의 전자 기술자들과 접촉할 기회가 많잖아요. 그런데 하나도 꿀리지 않더라는 거예요. 제 자랑이 아니라, 제 능력은 세운상가의 중고 기술자 정도였는데 그래도 세계에서 통했다는 거죠. 이 세운상가에 저력이 있는 게 아니겠어요? 그게 전 굉장히 즐거웠어요.

어쩌다가 세운상가에 입문하게 되셨나요.

제가 1962년인가 63년인가 무렵에 서울에 난생처음 올라갔어요. 올라오게 된 동기가 '이놈의 라디오 소리를 내 손을 가지고 한 번 내보자' 했던 거거든. 어렸을 때인데, 지금은 돌아가신 제 형님이 하루는 진공관 라디오를 하나 사 왔어요. 제가 이 라디오라는 것에 심취해서 밤새 듣다가 깜빡하고 켜놓고 자요. 그러면 배터리가 다 날라가 버려서 형님께 엄청 혼났거든. 그렇게 라디오에 푹 빠져선 '내가 이놈을 꼭 배우고 말겠다' 하면서 서울을 올라온 거예요.

둘째 누님이 영등포에서 셋방살이를 했는데, 나 좀 재워주라고 박박 우기면서 을지로 2가에 있는 텔레비전·라디오 학원을 다녔어요. 지금 시점으로 보면 아무 것도 아닌건데, 당시엔 내가 밤새 땜질을 한 텔레비전이나 라디오, 전축에서 소리가 쾅쾅 날 때는 세상 아무것도 부러울 게 없었어요. 거기에 심취하다 보니까 내가 늙어서 여기까지 온 거죠.

제일 기초가 라디오고, 그다음이 전축, 다음이 텔레비전이었는데 그걸 순차적으로 배워 올라갔어요. 도전할 때마다 어렵지만 어려우니까 더 배울 의욕이 생기고. 날밤을 새우기도 하고. 또 흑백 TV를 배웠다 싶으면 컬러 TV 나오고. 도전의 연속이지. 끝이 없었어요. 지금도 마찬가지예요. 지금은 디지털TV 나오잖아요. 그러니까 기술이란 건 끝이 없는 거예요. 도전을 해야 하는데, 중요한 건 성취욕이 없고 도전정신이 없으면 다 낙오해버려요. 다음 단계로 넘어가는 게 쉬운 게 아니거든. 기술이 발전하면 기본 개념은 같아도 동작 원리가 다 다르니까 새롭게 배워야 하잖아요. 그래서 성취욕과 도전정신이 없으면 직업을 바꾸든지, 다 중간에 빠져나가곤 했죠. 내가 오래 버틴 게 멍청해서인지 똑똑해서인지 모르겠지만 아무튼 오래오래 버텨서 지금까지 왔어요.

라디오부터 시작해서 지금껏 끊임없이 배워 오신 거군요.

계속 배워야죠. 어느 정도 단계를 넘어가면 누구로부터 배우는 게 아니고 책보고 스스로 배워야 해요. 혼자 뜯어보기도 하고 망가뜨리기도 하고 책보고 연구도 하면서 해야지, 그렇지 않으면 못 배워요. 그렇게 어렵게 터득한 기술이지만 성취욕이라는 게 대단해요. 그렇게 어렵게 터득하고 나니깐 백 선생님께서 딱 저를 스카우트했잖아요? 그 뒤부터 선생님과 함께 작업하며 느낀 건 내가 도전해 배워놓지 않았으면 지금의 난 어떻게 됐을까…. 선생님께서 이렇게, 저렇게 할 수 있느냐고 할 때 눈만 깜빡거리면서 못 했을 거 아니에요. 그럼 난 아무것도 못 하는 거지. 도전해서 배우는 건 (그 자체로) 즐겁지만, 앞일도 보장해주는구나 하는 생각을 많이 했어요. 도전해서 배워놓지 않으면 기회가 와도 그저 오나 마나예요. 나에게 인연이 온들 뭐겠느냐고요. 준비가 안 돼 있으면 소용이 없잖아요. 그건 지금도 마찬가지일 거예요. 준비 없이 오는 행운은, 행운이 눈앞에 와서 휙 지나가도 붙잡을 생각도 못 하는 거죠.

백 선생님과 어떻게 인연을 맺으셨나요.

1986년에 서울국제무역박람회SITRA라는 전자전을 했어요. 그땐 삼성전자와 LG전자(당시 금성사) 중 누가 더 크게 하느냐 그게 관전 포인트였거든요. 삼성전자에서 530대 정도 되는 TV를 11줄 벽으로 쌓을 수 있겠냐고 문의가 들어온 거죠. 어려운 작업이긴 했는데, 또 한편으론 뭐보단 크지 못할 건 또 뭐 있나 싶더구요. 한번 해보겠다고 했죠. 지금의 대치동에 있던 망한 인테리어 회사 창고에다가 TV 600대 이상을 들여놓고선 개조를 해서 지금의 코엑스 자리에다가 설치를 했는데 고생 참 많이 했어요. 박람회날 완벽하게 작동을 하니까 삼성에서 엄청 좋아했죠.

마침 그 무렵 외국에서 활동하시던 백 선생님께서 한국에 오셨거든요. 한국인 엔지니어를 찾고 싶어서. 삼성이 백 선생님께 저를 추천한 거죠. 백 선생님께서 갑자기 찾아오셔선 TV 1,003대를 쌓을 수 있겠냐고 묻더라고요. 그런데 (삼성 당시의) 530대나 1,003대나 규모만 좀 더 크지 뭐 다를 게 없잖아요. 못 할 게 뭐 있나 싶더라고요. 지금 생각해보면 사실 겁이 없던 거죠. 세계적인 예술가 퍼포먼스를 전 세계에서 생방송 하겠다고 하던 때였는데 만약 그날까지 가동이 안 되면 난리가 나는 거잖아요. 그런데 그걸 겁도 없이 하겠다고 한 거니 무모했죠. 무모했는데 결국 성공을 했어요. 그게 <다다익선>, 백 선생님과 처음 작업한 작품이죠.

사실 그때만 해도 저분이 얼마나 중요한 예술가인가 하는 개념조차 없었어요. '그냥 해달라니까 해드리지 뭐' 이 정도였죠. 그런데 <다다익선>을 완성하고 나서 선생님께서도 '나랑 같이 일하자'는 언질을 한 번도 안 주셨어요. 계속 시험이 필요했던 거죠. 그 후로 2~3년 지날 때까지도 내가 인생 후반기를 그분과 같이 할지 몰랐어요.

같이 작업을 하며 백 선생님으로부터 배운 건 어떤 게 있나요.

이건 내가 도저히 따라갈 수 없는 건데, 백 선생님은 밤 12시 넘어서부터는 자기 시간이라고 생각해요. 자기 작업 구상을 밤 12시부터 새벽 5시 정도까지 하셨죠. 전화 오는 데도 없고 방문을 두드리는 사람도 없고 완벽하게 자기 시간이잖아요. 그 시간을 100% 활용할 줄 알고, 그런 스케줄을 짜서 사셨죠. 정신 노동자이셔서 그런 건지는 몰라도 남이 찾지 않고 조용한 시간에 구상하고 그 습관을 꾸준히 유지하시는 게, 역시 큰 작가가 되려면 그런 집념이 있어야 한다고 생각했죠.

백남준 아티스트와 함께 한 일은 선생님께 어떤 의미인가요.

어떤 사람이 '백 선생님과 일하면서 넌 돈을 얼마나 벌었냐'고 묻는다고요. '백 선생님은 그렇게 큰 작가가 됐는데 넌 그럼 뭐 했냐' 그런 질문을 할 만도 하잖아요. 그런데 사람이 사는 데 모든 행동을 돈하고 붙이는 게 꼭 옳지만은 않아요. 자기 즐거움도 있는 거예요. 내가 뒤에서 서포트해주는 예술가가 세계적으로 센세이션을 일으키고 엄청난 환호를 받을 때 난 뒤에서 '그래, 내가 큰 건 하나 했지' 하는 즐거움이 있는 거지. 누가 가끔 질문할 때면 내가 선생님과 일하면서 가장 즐거웠던 건 그럴 때라고 얘기해요.

일하면서 가장 즐거웠던 순간을 꼽으라면.

우선 딱 생각이 나는 건, 백 선생님께서 베니스 비엔날레에서 황금 사자상을 타셨을 때. 그 많은 텔레비전을 세트업하면서 손도 많이 다치고 허리도 다쳐서 지금까지도 고생을 해요. 그런 고생을 했는데 베니스 바닥에서 난리가 났을 때 굉장히 즐거웠고, 그만큼 기쁜 적도 없었어요. 또 하나는 지금 과천(국립현대미술관)에 있는 <다다익선>을 내 손으로 처음 작업한 건데 완벽하게 잘 했잖아요. 그런데 그 작품은 세월이 지나서 더 큰 환호를 받는 게 느껴지더라고요.

마지막으로, 스물에게 해줄 조언이 있다면

늘 중요한 건…, 무슨 일이든 대충하는 건 한 번도 해선 안 돼요. 아무리 시간이 급하고 쪼들리고 피곤해도 마감을 대충 하는 건 안 돼요. 제가 백 선생님과 30년 가까이 생활하면서 기계 수백 대를 해외에 만들어 보냈어도 고장 나서 못 쓴 적은 한 번도 없어요. 나는 완벽주의자예요. 내가 한 일은 내 뒤를 따라다니는 거야. 뭐냐면, 내가 한 일에 평가가 계속 따라다니잖아요. 내 평가는 내가 만든 거잖아요. 훗날 내 평가를 위해서도 완벽하게 노력해야죠. 그거 외엔 없어요. 완벽하게 해야 해.

영 상 보 기 Youtube

QR코드를 스캔하면 위 인터뷰를 영상으로 보실 수 있습니다.

그렇게 어렵게 터득한 기술이지만

성취욕이라는 게 대단해요.

그렇게 어렵게 터득하고 나니깐

백 선생님께서 딱 저를 스카우트했잖아요?

준비 없이 오는 행운은,

행운이 눈앞에 와서 휙 지나가도

붙잡을 생각도 못 하는 거죠.

스물
처럼

이 성 민

대한민국 1호 조향사

06 —

너무 힘들어하진 말자 어차피 인생은 힘든 거니

집 뒷산을 함께 걷던 네 살 딸 아이가 밤하늘을 쳐다보며 묻는다.
"아빠, 저 많은 별 중에 채으니(애칭) 별은 뭐야?"

남자는 옛 기억 하나가 떠오른다.
'그래, 어린 시절엔 모두 자기별 하나씩 있다고 여겼었지.'
남자는 딸에게 '자기만의 별'을 선물해주기로 했다.
딸과 함께 산책했던 시간의 느낌과 정서,
밤바람과 숲 냄새를 담아 '향수'를 만들었다.
딸 아이의 별 그림을 병에 새겨넣은 이 향수에 남자는
'스타 오버헤드STAR OVERHEAD'라는 이름을 붙였다.

"딸아,
네 머리 위엔 항상 너만의 별이 떠 있단다"라는 의미를 담아.

대한민국 최초로 자기 브랜드를 내건 향수를 만든 남자. 이성민 퍼퓸라이퍼 대표가 만든 모든 향수엔 이처럼 특유의 스토리가 담겨 있다. 단순히 향이 좋은 액체를 만드는 '제조자'가 아닌, 향으로 삶을 이야기하고, 사람을 위로하는 '조향사'가 되고 싶다는 이 대표. 젊은 시절 삶의 곤궁을 향수로 위로받던 그가 조향사라는 새 직업을 꿈으로 삼고, 이 꿈을 현실로 이루기까지의 이야기를 들어봤다.

향을 만드는 사람, 조향사. 이 대표가 이 생소한 직업을 갖게 된 건 2007년의 일이다. 지금도 향수는 외국 브랜드 회사가 만든 제품이 대다수지만 당시엔 개인이 자기 이름을 걸고 향수를 제조하는 일 자체가 전무했다. 이 대표의 이름 앞에 종종 '대한민국 1호 조향사'라는 타이틀이 붙는 이유다.

"옛날엔 조향사라고 하면 '배 타는 사람이냐'고 물어보는 사람도 많았어요.(웃음) 당시는 특정 회사에 소속된 사람만 있었지, 저처럼 개인 신분으로 향수를 만들 수 있다는 생각 자체를 하지 못했던 시절이었죠."

향수 원료는 학술적으로 1만 개가 넘고, 꼭 필요한 것만 해도 2,000여 개에 달한다.
향수를 만들 수 있는 경우의 수가 무한대에 가깝다는 얘기다.

흔치 않은 직업. 조향을 배울 수 있는 길은 당연히 좁고, 거칠었다. 몇몇 향료회사에 입사원서를 집어넣기도, 알음알음 찾아간 업계 사람에게 도움을 청해보기도 했지만, 퉁을 맞기 일쑤였다.

'쉽게 배울 수도 없거니와 기껏 만들어봤자 당신 향수를 누가 사겠느냐'는 주변 지적에 오히려 이 대표는 "오기가 생겼다"고 했다. 그는 '당신들이 안 만들어주면 내 스스로 조향사가 되겠어'라는 오기 혹은 치기로 향수 만드는 법을 익히기도 전에 '조향사'란 타이틀을 명함에 먼저 박았다. 향수 제조에 필요한 화학적 지식은 독학

향수 제작의 마지막은 본인이 직접 만든 향을 맡아보는 일(시향)이다.

으로 익혔다. 외국 조향사들에게 무작정 메일을 보내 향수 제조에
필요한 포뮬러(처방전)나 어코드(배합공식)를 얻었고, 독자적인 향을
개발하기 위해 골방에 틀어박혀 무수한 실험을 진행했다. 그렇게
스스로 길을 만든 지 2년, '메리 고 라운드'라는 이름이 붙은 그의
첫 향수가 시판됐다.

"처음 배울 땐 향수가 화장품 관련 법의 적용을 받는 건지도
몰랐어요. '배워서 한 병씩 팔면 되지' 하며 도전했던 것인데,
제품 하나가 나오기까지 (생각했던 것과는) 완전히 다르더라고

요. 이 분야를 처음부터 알고 있었다면 시작 안 했을지도 몰라요.(웃음)"

조향사라는 직함을 명함에 박기 전, 그는 국내 굴지의 광고기획사, 외국계 광고대행사 등에서 AE^Account Executive·광고기획자로 활동했다. 이름만 대면 누구나 아는 명문대 출신이기도 한 이 대표. 그는 왜 한국 나이 서른 되던 해에 불쑥 '조향사'라는 미지의 세계에 뛰어들 결심을 했을까. 그의 입으로부터 나온 건 '위로', 그리고 '꿈'이라는 단어였다.

"20대 때 경제적 곤궁 때문에 힘들었어요. 학교생활과 알바를 병행하며 빚을 갚아나갔는데, 그 과정에서 우울증이 올 정도였죠. 그때 저에게 '위로'가 됐던 게 향수였어요. 마음이 괴롭거나 힘든 날이면 싼 향수를 하나 사서 뿌리곤 했는데, 그게 버티는 힘이 됐어요. 이후 광고 일을 하면서 빚을 모두 갚으니 '뭐든 다 할 수 있겠다'는 생각이 들더군요. '내가 향수 덕분에 위안을 받고, 살아갈 힘도 얻었으니 다른 사람에게도 향수로 이야기를 전해보자. 향수 만드는 일을 내 꿈으로 삼아보자'고 결심했죠."

향수라는 오브제가 갖는 화려함 안에 숨겨진 이 대표 삶의 우여곡절. 그래서일까. 그의 손에서 탄생한 향수엔 각각의 에피소드가 듬뿍 담겨 있다. 딸의 이야기가 담긴 '스타 오버헤드'부터 제주의 따뜻한 햇살을 녹여낸 '해난디아장', 누군가의 사랑 이야기를 향으로 표현한 'Apres l'amour After Love' 등. 2017년엔 고향을 그리워하는 이산가족의 마음을 담은 '통일향수'를 통일부와 함께 제작·전시하는 프로젝트를 진행하기도 했다. 이 통일향수의 '향'자를 향기 향[香] 대신 고향 향[鄉] 자로 바꾼 것도 '인문학적 상상력'을 중시하는 그만의 조향법을 엿볼 수 있는 대목이다.

딸과의 에피소드를 담은 향수 '스타 오버헤드'(왼쪽)와 이산가족의 마음을 담은 '통일향수'(오른쪽). 이 대표의 손에서 탄생한 모든 향수엔 이처럼 자신만의 스토리가 담겨있다.

"조향사의 사전적 정의는 '향을 개발하는 사람' 정도가 될 텐데 그 안에는 더 깊은 가치, 업의 본질이라는 게 있다고 생각해요. 그런 부분을 감안하면 조향사는 '향기가 우리 삶에 어떤 가치를 가지는지에 대해 고민하고 연구하는 후각 전문가 집단'이라고 정의하고 싶어요. 제게 있어 향수는 하고 싶은 이야기를 담는 도구이기 때문에 단순히 제품이라기보단 예술품이라는 생각이 들죠."

이 대표와의 인터뷰가 진행된 한 시간여. 일을 대하는 그의 진지함에, 직업에 대한 그의 자부심에, 그의 사유와 통찰에 베인 향기에 흠뻑 취해 '스타 오버헤드'를 한 병 샀다. 딸에게 별을 선물하고 싶은 아빠의 마음을 담았다는 그 향수를 매일 아침 몸에 뿌리며 출근하는 요즘, 그의 말을 자주 되새김질한다. 그래서 내게 '스타 오버헤드'는 내 직업의 본질을 생각하게 하는 오브제가 됐다. 참 고마운 일이다.

자기소개 부탁드립니다.

조향사 이성민입니다. 제가 조향사를 직업으로 삼아야겠다고 했을 때가 2007년도인데요. 처음엔 "직업이 조향사다"라고 하면 배 타는 사람이냐고 물어보곤 했어요.(웃음) 요즘은 많이들 아시더라고요.

지금도 모르는 사람이 많을 것 같은데요.(웃음)

당시엔 국내에선 배울 데가 없고, 다들 유학을 가야 한다고 얘기를 하시더라고요. 찾아보니 향료회사에 조향사란 분들이 있어서 많이 쫓아다녔어요. 향료회사에 입사원서도 넣어보고. 향수를 만들어서 파는 게 제 꿈이라고 얘기하고 다니니까 다들 "이성민 씨가 잘 못 생각하고 있다. 당신이 만든 향수를 누가 사겠냐"고 하시더라고요. 오기가 생기잖아요. '너희가 날 조향사로 안 만들어줘? 그럼 내가 스스로 되겠어'라고 생각해서 그냥 명함에다가 조향사라고 팠어요. 그러고 나서 향수를 만들겠다고 공부를 해보니까 향료 케미컬(화학), 아로마 케미컬 같은 것들이 있더라고요. 그게 뭔지 찾아보고 공부하고 그랬죠.

향을 가진 물질들이니까 화학구조가 이렇고 저렇고가 아니라 실제 냄새가 어떤지를 맡아보는 게 제일 중요하잖아요. 구글링을 해보니 한국에선 살 수 있는 것들이 없고 외국에선 파는 곳들이 제법 있더군요. 그런데 구매 단위가 보통 커서 저 같은 개인에겐 잘 팔지 않는 거예요. 일일이 메일을 보내 '내 꿈이 이렇고, 한국 상황은 이래서 공부를 제대로 할 수가 없다. 소량만 보내줄 수 없느냐'고 해서 어렵게 배워나갔습니다. 이런 식으로 인연을 맺은 외국 조향사 분들이 자기가 공부했던 내용이나 오픈된 소스들, 예컨대 장미향의 구성은 이렇다는 식의 어코드가 있거든요. 이런 것들을 알려주시는 분들이 생기고, 여기서 비율이나 성분을 바꿔본다든지 하면서 계속 시도를 해 본 거죠.

당시만 해도 향수 하면 수입품 혹은 명품 회사가 만드는 것이라고만 생각하던 시기였어요. 그래서 제가 이걸 직접 만들 결심을 하고,

명함에 조향사라고 적어넣을 때 나름대로 고민을 많이 했어요. '조향사란 뭘까', '내가 향수를 만들어 파는 게 꿈이긴 한데, 이 향수에 어떤 이야기를 담을까' 하는 생각을 하면서 제 스스로 정의를 내리기 시작했어요.

퍼퓨머, 조향사라는 게 단순히 얘기하면 향을 개발하는 사람, 향수를 만드는 사람이라고 할 수 있지만, 그 안에 '가치', '업의 본질'이라는 부분이 있을 거잖아요. 사람마다 후각적인 경험은 다 제각각이고, 거기에서 형성되는 후각 감수성은 천차만별인데, 그럼에도 불구하고 향을 만들어 사람들에게 좋은 느낌을 전해주고 향이 가진 정취를 얘기하는 것이니까 조향사는 단순히 코에 좋은 냄새를 만드는 사람이 아니라 많은 사람이 공감할 수 있는 후각적인 지점을 짚어내는 사람이구나. 향에 대한 경험과 관념을 만들어주는 사람이구나. 이렇게 정의를 내리고 시작을 했어요. 그런데 자기 이름을 걸고 향수를 만들고, 향수 안에 이야기를 담아 판매했던 게 국내에서 처음 시도된 것이었어요. 그래서 인터뷰도 여기저기 많이 나가고, 기업과의 콜라보레이션도 많이 했죠.

일반인에게 향수는 '좋은 냄새를 내는 제품' 정도로 인식되는데, 향수에 대한 남다른 철학이 있으신 듯합니다.

향수가 어떤 사람에겐 패션 액세서리나 화장품이기도 하고, 향료

회사에 계시는 분들에겐 화학, 과학의 영역이기도 하거든요. 저 같은 사람에게 향수는 제가 하고 싶은 이야기를 담는 오브제였어요. 제가 향수를 좋아하게 된 계기와도 연결이 되는데, 저에게 향수는 사실 감정을 표현하는 예술품이었죠. 그러다 보니 향수를 가지고 전시도 하고, 사람을 초대하기도 하고 그랬죠.

향수를 좋아하게 된 계기가 뭔가요.
어릴 때 패션 니자이너기 되고 싶었어요. 재능이 없어 졸업은 행정학과 쪽으로 했지만.(웃음) 패션 디자이너는 못했지만 '패션의 완성은 향수'라는 식의 생각을 해서 어릴 때부터 향수를 굉장히 많이 뿌리고 다녔죠. 궁금하니까 많이 사기도 하고.
사실 제가 20대 때 경제적인 문제 때문에 굉장히 힘들었어요. 학교 다니면서도 계속 아르바이트를 하며 빚을 갚아나가야 했죠. 가난한 20대 청년이 일은 맨날 해야 하고, 마음은 항상 힘들고, 미래는 불안하니 우울증 같은 것도 왔었죠. 그런데 저에겐 향수라는 게 있었어요. 우리가 힘들고 우울하면 여행을 가거나 음악을 듣거나 하잖아요. 저에겐 그 역할을 향수가 해준 거죠. 마음이 너무 괴롭고 힘들면 향수를 하나 사요. 돈이 없으니 비싼 건 못 사고 싼 것 중에 작은 걸 하나 사면 그것 하나로 며칠을 기쁜 거야. 그럼 막 찾아보는 거예요. 이 향수를 누가 만들었고, 어떤 이야기가 담겨 있고. 그렇게 찾아본 향수의 이미지가 굉장히 멋지고 아름답더군요. 굉장히 패셔너블하고 멋지게 살아가는 사람들의 이미지가 나오기도 하고, '지중해의 햇살을 담은', '프랑방스의 라벤더'라는 식으로 자연에 대해 얘기할 때도 있고요. '지금의 어려움을 해결하고 마음이 편한 시기가 오면 꼭 저런 데를 가봐야겠다'는 생각을 했어요. 그게 버티는 힘이 돼 줬어요.

향수를 좋아하는 것을 넘어 조향사란 직업을 가져야겠다는 생각은 어떻게 하게 됐나요.

제가 스물일곱 살 때부터 광고대행사에서 일을 하면서 서른에 빚을 다 갚아요. 그때 생각했죠. '아! 빚만 없으면 부자구나. 뭐든지 다 할 수 있을 것 같아', '내가 향수 덕분에 힘든 시기를 견딜 수 있었으니, 향수를 직접 만들어보자', '내가 향수에서 위안을 얻고 살아갈 힘을 얻었으니 다른 사람에게도 이 이야기를 전해보자'는 생각을 하게 된 거죠.

힘들었던 시절에 무슨 일을 했나요.

돈 되는 아르바이트는 다 했던 것 같아요. PC방 야간 알바를 2년 정도 했고요. 쉬는 날엔 일용직으로 나가기도 하고, 명절엔 물류센터가 돈을 많이 주거든요. 그런 데 가서 아르바이트하고. 제가 행정학과 출신이긴 한데, 그 전에 잠깐 미대를 다녀 포토샵을 조금 할 줄 알았거든요. 어릴 때부터 글은 좀 잘 쓴다는 소리를 듣고 살았고. 그 기술을 활용해 광고 공모전을 미친 듯 나갔어요. 200회 정도 출품을 했는데 그중 20회가량 수상을 했죠. 그럼 그 상금 가지고 살고 그랬죠.(웃음)

젊었을 때의 고생이 지금 향수를 만드는 데 도움이 되던가요.

(단호한 목소리로) 아니요. 그렇지는 않아요. 아까 말씀드린 것처럼 향에 대한 감수성은 사람마다 다 제각각이에요. 그럼에도 불구하고 공감할 수 있는 지점을 짚어내거나 뭔가 새로운 경험·관념을 만들어드리려면 사람에 대한 이해가 굉장히 중요하거든요. 사람에 대한 이해라는 건 인문학적인 경험이나 예술적인 소양, 감성, 철학적 사유 같은 게 있어야 하는데, 그런 것들이 고생한다고 만들어지는 것 같지는 않아요. 각자의 시기마다 주어진 직분에 충실하고, 삶에 대해 따뜻하게 바라보는 것. 이런 게 중요하지, 고생이 필요한 것 같진 않습니다.

향수를 처음 제작했을 때가 궁금하네요.

조향사라고 명함을 파고 실제 첫 향수를 만드는 데까지 2년가량 걸렸어요. 아무것도 몰라서.(웃음) 처음에는 향수가 화장품 관련 법의 적용을 받는 건지도 몰랐어요. '배워서 한 병 한 병 팔면 되지' 했는데 그게 아니더라고요. 향수를 팔려면 향수병이나 펌프가 있어야 하잖아요. 이걸 제작하는 공장에 맡기기 위해선 MOQ(최소 주문 수량) 이상을 주문해야 하는데, MOQ라는 단어도 그때 처음 알았죠.(웃음) 그렇게 꾸역꾸역 해서 생산하는 데만 2년이 걸렸죠. 아마 이런 걸 처음부터 알고 있었다면 시작 안 했을지도 몰라요.(웃음) 모르니까 덤볐지.

그렇게 고생을 하다 보니까 저 같은 꿈을 가진 사람들에게 이것저것 많이 알려줘요. 제가 했던 시행착오는 안 겪었으면 좋겠다는 마음에. 지금 향수하는 친구들에게 물어보면 좋은 얘기 많이 해줄 거예요. 저를 약간 스승처럼 생각하는 친구도 많고, 공로패를 주겠다는 사람도 있고.(웃음)

지금껏 만든 향수 중 특별한 의미를 가진 게 있다면 소개해주세요.
제가 제일 좋아하는 걸 하나 시향해 드릴게요. (향수를 뿌려준 뒤) 제가 제일 아끼는 작업인데 향수병에 별 그림이 있죠. 저희 딸 아이가 네 살 때 그린 첫 번째 별 그림이거든요. 저희 집 뒷산이 제법 예뻐 딸 아이를 데리고 산책을 자주 가는 편인데, 하루는 밤하늘의 별이 너무 총총한 거예요. 아빠들의 허세 있잖아요. 잘 알지도 못하면서 별자리 이야기를 막 해줬더니, 딸이 하는 말이 "아빠! 저 많은 별

중에 채으니(딸의 별칭) 별은 어디 있어?"라는 거예요. 그 얘기를 들으니까 저도 옛 기억이 떠오르더라고요. 우리도 어렸을 땐 자기 별이 하나씩 있다고 믿었잖아요. 그런데 이제는 잊고 사는구나 싶더라고요. 그래서 '딸이 자랐을 때 자기 별이 있다는 걸 잊지 않게 해줄 작업을 해보자' 해서 작업을 했죠. 그 당시 딸과 함께했던 시간의 느낌들, 불어왔던 밤바람의 시원함, 계곡의 물 냄새, 숲 냄새 같은 걸 표현하려고 했어요. 그런데 안타깝게도 저희 딸은 이 향수를 싫어해요. '이건 아빠가 좋아하는 냄새 아니냐'고.(웃음) 이 향수 이름이 '스타 오버헤드STAR OVERHEAD'인데, '딸아, 네 머리 위엔 항상 너만의 별이 떠 있단다'라는 의미예요. 이렇게 보면 향수가 참 많은 것들을 표현할 수 있는 오브제인 것 같아요.

경제적 곤궁을 해결하자마자 꿈을 찾아간 사람으로서
스물에게 해주고픈 얘기가 있다면

환경이 힘든 상황에 사람이 직면하면 두 가지로 반응하는 것 같아요. 포기하거나 오기가 생겨서 뭔가 한다거나. 저는 후자 쪽이었던 것 같아요. 사실 경제적 곤궁이 사람을 강하게 하는 부분도 분명히 있잖아요? '이렇게 어려운 상황에서도 하는데, 뭔들 못하겠어' 하는. 20대 때도 힘들었지만 사실 전 지금도 힘들어요. 다른 다양한 이유로. 살면서 계속 힘든 일이 있죠. 고민되는 일도 있을 것이고. 앞으로 살면서 계속 힘든 일이 생길 거예요. 경제적인 것뿐만 아니라 외로움도 탈 것이고. 남들과 비교하게 되는 부분도 생길 테고. 내가 이루지 못한 안타까움도 있을 테고. 사람이 지치다 보면 열정이 없는 상태도 분명 올 테고. 그러니 지금 힘들다고 너무 힘들어하지 않아도 돼요. 어차피 삶은 계속 힘든 거거든요. 너무 부정적인 얘기인가요? (웃음)

앞으로 살면서 계속 힘든 일이 생길 거예요.

경제적인 것뿐만 아니라

외로움도 탈 것이고

남들과 비교하게 되는 부분도 생길 테고

사람이 지치다 보면

열정이 없는 상태도 분명 올 테고

그러니 지금 힘들다고

너무 힘들어하지 않아도 돼요.

어차피 삶은 계속 힘든 거거든요.

스물
처럼

이 미 래

대한민국 간판 여성 당구선수

07 —
지금의 나를 만든 건 연습 연습 연습

'어떤 일을 하며 살 것인가.'

누구든 인생을 살아가며 수없이 접하는 이 질문에 대한
지극히 교과서적인 답은 이렇다.
'흥미'와 '적성'에 맞는 일을 해야 행복하다는 것.
헌데 이 두 조건을 모두 충족하는 일을 찾기란 말처럼 쉽지 않다.
많은 이들이 '하고 싶은 일'과 '잘하는 일' 사이에서
선택의 고통을 겪는 이유다.

'대한민국 여자 당구의 미래'라 불리는 이미래 선수 역시
'흥미'와 '재능' 사이에서 지독한 성장통을 앓았다.
진로 고민과 거리가 멀어 보이는 그녀가
'하고 싶은 일'과 '잘하는 일' 사이의 갈등에서 얻은
깨달음은 무엇일까.

이미래 선수는 열일곱 살부터 선수 생활을 시작해 국내 3쿠션 대회를 휩쓸고 2016년부터는 2년 연속 세계 2인자의 자리에 오른 '당구 엘리트'다. 이 선수의 주 종목은 '여자 당구의 불모지'라 불리는 캐럼의 3쿠션. 흔히 '당구'하면 가장 많이 떠올리는 종목으로 포켓이 없는 당구대에서 경기가 이뤄진다. 내 공[手球]을 큐로 쳐서 맞힐 공[的球] 두 개를 맞히는 동안 당구대의 네 개 면에 3회 이상 닿아야 하는 게임이다.

이 선수가 당구에 입문하게 된 건 열세 살 때. 스포츠로서의 당구에 선구안이 있던 아버지를 따라 당구클럽에 놀러 다니다 우연히 재능을 발견했다.

"아버지께서 주말마다 항상 아카데미를 다닐 정도로 당구를 좋아하셨는데, 어린 나이였던 저를 항상 데리고 가셨어요. 그러던 중 제가 열두 살 때 아카데미에서 처음 여성 4구 대회를 개최했는데, 주최 측에서 참가자가 부족하다며 큐 한번 제대로 잡아본 적 없는 제게 출전을 해달라고 부탁하더라고요. 처음엔 거절했는데, 부모님이 대회를 나가면 휴대폰을 사주겠다고 유혹하시더라고요.(웃음) 그렇게 나간 대회에서 20점 경기 중 12개를 쳤어요. 다들 소질 있다고 칭찬해주니까 거기에 혹해서 당구를 시작하게 됐죠."

훈련에 들어가기 전 큐팁을 줄판으로 문질러 정리해준다.

그렇게 이 선수는 초등학교 6학년 때부터 아마추어 당구 동호인 활동을 시작했다. 학교와 당구클럽만 오가는 생활이 중학교 내내 이어졌고, 고등학생 때 정식으로 선수 등록을 했다. 남들보다 일찍 진로를 확정하고 내달리기만 하면 되는 환경. 그러나 그녀는 "그 시절을 버티기가 너무 힘겨웠다"고 했다.

"학교 끝나면 차가 와 있어요. 차를 타고 담배연기 자욱한 당 구클럽에 가서 늦은 시간까지 연습을 하고 집에 가요. 이게 너 무나도 힘들고 싫어서 중학교 3년은 밤마다 울었다고 해도

본격적인 연습에 들어가기 전 자세 교정을 위해 공을 일직선으로 왕복시키는 훈련을 30분간 반복한다.

과언이 아니었어요. (당구) 성적이 날 때만 기분 좋고. '하고 싶은 것'과 '잘하는 것'이 겹치면 제일 좋은 거라고 하잖아요. 그런데 저는 하고 싶은 걸 찾기도 전에 잘하는 걸 찾아버린 케이스라고 할까? 당구 외에는 해본 게 없으니까요."

이 선수는 당구를 '운명의 장난'이라고 정의했다. 결코 '하고 싶은 일'이 아니었지만 그만두고 싶을 때마다 인생의 가장 큰 '성취감'을 안겨다 줬던 것 역시 당구였다.

때로는 훈련 상대를 두고 미니게임을 치르기도 한다. 게임은 '뱅킹샷'을 통해 선공을 가리는 것부터 시작한다.

"정말 '운명의 장난인가'라는 생각을 중·고등학교 내내 했어요. 대회가 코앞인데 연습이 잘 안 돼요. 그러면 '나 이거 안 해. 나랑 안 맞아' 이랬는데 성적이 갑자기 나요. '또 내가 잘하긴 하나보다' 이런 식으로 자꾸 성적이 났다, 안 났다 하니까 나중엔 딱 이 생각을 했던 거 같아요. '내가 하기 싫어도 연습만 꾸준히 하면 언젠간 성적이 나겠구나. 이게 내 길인가 보다.'(웃음)"

그녀가 '운명의 장난'일 뿐이던 당구에 의지를 불태우게 된 건 대학에 입학하면서부터다. 이 선수는 2015년 또래 남자 선수들과 경쟁해 정원이 1명뿐인 캐롬 특기생으로 한국체육대학교에 합격했다. 2016년부터는 2년 연속 '세계여자3쿠션선수권대회'에서 준우승을 차지했다.

"대학에 왔을 때 제 열정에 비해 너무 많은 인지도를 얻었어요. 너무 과분했죠. 그래서 그만두고 싶어도 그만두면 안 될 것 같은 이상한 책임감이 생겼던 것 같아요. 주변에서 격려와 지지도 많이 해줬고요. 의지가 별로 없을 때는 목표도 단순했거든요. 그냥 승부욕, 자존심으로 '1등 해야겠다' 정도였어요. 생각이 바뀐 지금은 진짜 제 실력을 높이는 걸 목표로 삼고 있어요. 단순히 대회 입상 실적에 연연하지 말자고 다짐했죠. 그건 실력이 올라오면 자연스레 따라올 거니까."

'하고 싶은 일'과 '잘하는 일' 가운데 무엇을 택해야 하는가. 이 물음에 누구에게나 100% 들어맞는 정답은 없다. 누군가에게는 선택이 아닌 '순서'의 문제일지도 모르며, 이 둘을 '조합'하는 것이 해답인 경우도 존재할 테다. 그러나 한 가지는 분명하다. 어느 쪽을 택하든 '집중'과 '노력' 없이는 성취도, 성장도, 행복도 없다는 사실이다.

이 선수 역시 '잘하는 일'을 택했지만, 자신을 한국 톱 반열에 올려놓은 비결로 재능이 아닌 '꾸준한 연습'을 꼽았다. 인터뷰를 위해 당구클럽을 찾은 날도 그녀는 기본기 연습에 여념이 없었다.

"제 의지가 있었든 없었든 당구를 시작했을 때부터 하루도 빠짐없이 적어도 6시간씩은 연습을 했거든요. 그게 좋은 성적을 거둘 수 있었던 유일한 비결이라고 생각해요."

한창 외모에 민감할 열여덟 살에 이 선수는 머리를 박박 민 채 전국체전 무대에 선 적도 있다. 뇌혈관이 막히는 폐쇄성 수두증 수술을 받고도 보름 만에 대회에서 큐를 잡았다.

"뇌 수술받은 건 완치가 됐는데 중학생 때부터 있었던 목 디스크와 손목 병이 말썽이에요. 손목 깁스를 몇 번이나 했어요. 잘 해보겠다 마음먹었는데 그 때 하필 통증이 심해져서 이러다가 손목을 평생 못 쓰는 거 아닌가 싶더라고요. 제 의지로 당구를 잘 해보겠다 마음먹었는데 이러다 손목을 평생 못 쓰게 될 것 같더라고요. 그래서 새로운 근육을 쓰는 자세로 당구 스타일을 바꿨어요."

이 선수가 당구대에서 몸을 일으키면 날카로운 눈빛이 사라지고 대학생 이미래로 돌아온다.

이미래 선수가 그리는 인생의 큰 그림은 '세계적인 당구선수'가
되는 것, 그리고 커피숍을 차리는 것이다. 세계 제패를 노리는 선수
의 '큰 그림' 치고는 소박한 게 아닐까 싶지만 특별한 이유가 있다.

"고등학생 때 뭔가를 '해보고 싶다'는 생각을 처음 해봤거든요.
그게 커피를 내리고 빵을 굽는 일이었어요. 그때는 부엌을 어
지르는 정도의 귀여운 시도에 그쳤지만, 세계적인 선수가 되
겠다는 목표를 이루고 나면 꼭 한번 도전해보고 싶어요. 제가
처음으로 하고 싶었던 일이니까요."

이 선수의 당구 인생을 토대로 도출할 수 있는 결론은 이 글을 읽는 사람만큼이나 다양할 게다. 누군가에게는 '잘하는 일'을 택하게 할 롤모델이 될 수도 있고, 또 다른 누군가에게는 '하고 싶은 일'에 도전케 하는 반면교사의 교훈이 될지도 모른다. 이 선수도 "무엇이 옳다고 아직 확신을 갖고 얘기하기 어렵다"고 말한다.

"지금 하고 싶은 얘기는 '하고 싶은 일에서 잘하는 걸 찾았으면 좋겠다'는 거예요. 자기가 정밀 잘 하는 일인데 그 일이 너무 싫으면 다시 한번 생각해보라는 것? 저도 모르겠어요. 성공하고 난 뒤에는 '힘들어도 잘 하는 걸 하세요'라는 말이 나오겠는데 전 아직 답을 찾아가는 과정이니까. 세계적인 선수가 되고 나면 인터뷰에서 '하기 싫은 게 있어도 열심히 하면 다 됩니다'라고 하겠죠? (웃음)"

우리가 그녀의 이야기에서 읽어야 할 확실한 메시지는 따로 있다. 이를 로마 황제이자 철학자였던 마르쿠스 아우렐리우스가 『명상록』에 저술한 내용으로 갈음한다.

"행복한 삶을 원하는가? 그렇다면 자기에게 주어진 일을 원칙에 따라 성심성의껏, 열성을 다해, 다른 일에 한눈파는 일 없이 차분하게 완수하라. 하늘이 내게 맡긴 일을 해내는 데 만족하며 모든 언행에 거짓이 없다면 반드시 행복한 삶을 누리게될 것이다. 그 누구도 이를 방해할 수는 없다."

자기소개 부탁드립니다.

당구선수 이미래입니다. 당구는 캐롬, 포켓, 스누커, 이렇게 크게 세 가지로 분류가 되는데 저는 캐롬의 쓰리쿠션을 치고 있습니다.

세계여자3쿠션선수권대회에서 두 번이나 준우승을 하셨다고요.

2016년, 2017년 두 번 연속으로 세계선수권에 출전할 수 있는 자격이 됐고, 준우승이라는 좋은 성적을 두 번 다 얻었죠. 결과는 좋았던 편인데 그 당시엔 둘 다 아쉬웠죠. 우승까지 갈 수 있었는데….

당구는 보통 남자 스포츠로 여기는 경우가 많은데,
어떻게 시작하게 됐나요.

아버지가 직장 생활을 하면서 (당구) 아카데미를 다닐 정도로 당구를 좋아하시거든요. 제가 열두 살 때 그 아카데미에서 처음으로 여성 사구 대회를 개최했는데 원장님께서 인원수가 부족하다면서 '성적을 안 내도 되니 출전만 해달라'고 했어요. 처음엔 거절했죠. 당구를 제대로 쳐본 적도 없고, 왠지 그 대회를 나가면 당구에 발을 들여야 할 것 같은 불안감에…(웃음)

왜 그런 불안감이 들었나요.

당구를 별로 좋아하지 않았거든요. 아버지께서 뭐 하나를 얘기해도 되게 깊이 있게, 어렵게 얘기하시는 편인데, 당구 얘기를 듣고, '아! 이건 아니다' 싶었죠. 그래서 거절을 했던 건데, 부모님께서 어린이한테 휴대폰으로 유혹을 하시더라고요. 그 순간 넙죽 "알겠습니다"하고 나갔죠.(웃음)

당구를 한 번도 안 쳐보고 대회를 나간 건가요.

아버지 다니던 당구 아카데미를 따라다니면서 큐 잡고 공을 치긴 해봤는데, 그저 남자들이 당구 칠 때 여자친구가 따라가 한번 쳐보는 정도 있잖아요. 그 정도로 툭툭 쳐본 게 다였죠. 누가 자세를 알려주지도 않았고, 공 치는 방법도 잘 몰랐어요. 그런데 대회에 출전하겠다고 하니까 아버지께서 그때부터 '다다다다다' 알려주셨죠.(웃음)

그때 성적이 어땠나요.

당연히 1회전 탈락을 했죠. 그런데 그 대회가 스무 개를 치는 거였는데 제가 반 이상을 쳤어요. 열두 개. 그건 아직도 기억나요. 다들 '어우! 당구에 소질이 있다. 재능이 있다'고 하셔서 그것에 또 혹해가지고 (당구를) 계속하게 됐죠.

아버지께서 딸을 당구선수로 만들어야겠다는 생각을
언제 하셨다고 하던가요.

초등학교 그 순간부터 저를 당구선수로 만들려고 마음을 먹으셨대요. 당구장에 데리고 가신 것 자체가 저에게 당구를 시키려고 계속 붙여놨던 것 같아요.(웃음) 나중에 여쭤보니 (당구가) 블루오션이라고 생각을 하셨대요. 당시는 (당구가) 되게 나쁜 이미지였는데, 아빠는 스포츠 측면에서 봤을 때 성장할 수 있는 종목이라고 생각을 하셨대요.

열두 살 때 대회 출전을 계기로 당구를 시작했다고 했는데,
학업은 어떻게 병행했나요.

일단 제가 학교가 끝나면 차가 와있어요. 부모님이 저를 데리고 당구장을 가요. 연습을 늦은 시간까지 한 다음에 집으로 가요. 다음날 또 학교 갔다가 차가 와 있으면 타고. 그런 생활을 반복했어요. 아버지께서 워낙 스파르타시라.(웃음)

어릴 때부터 그런 생활을 해서 힘들거나 반발심이 들진 않았나요.

엄청 많았죠. 중학교 3년 동안은 밤마다 울었다고 해도 과언이 아니었어요. 진짜 매일매일이 힘들었던 것 같아요. 성적 날 때만 기분이 좋고. 다행히 성적이 계속 나서 좋았는데. (당구로) 좋았던 기억은 입상 외엔 없었던 것 같아요.

그럼에도 계속 당구를 한 이유는 뭔가요.

성적이 나니까 했던 것 같아요. 어리잖아요. 안 되면 울다가 입상하면 '아, 되겠네' 이런 식으로 한 것 같아요. 안 하고 싶다고도 말했는데, 일단 제 얘기를 들어주시질 않으니까.(웃음)

당구를 하긴 싫은데 또 잘 해, 이 괴리감에 괴로웠겠네요.(웃음)

고등학교 들어가서 제가 들었던 생각이, 하고 싶은 것과 잘 하는 게 겹치면 제일 좋은 거라고 하잖아요. 그런데 난 내가 하고 싶은 걸 찾기도 전에 잘 하는 걸 찾아버린 케이스? 이것보다 더 잘하는 게 있을진 모르겠는데, 저는 (다른 걸) 해본 게 없으니까. 당구 외에는. 어렸을 때 하고 싶은 게 뭔가 생각하기도 전에 잘 하는 걸 찾아서 그냥 그 길로 쭉 달려온 것 같아요.

지금 다니는 대학도 당구 특기자로 들어간 거라고요.

네. 당구 특기자 두 명을 뽑았어요. 캐롬 한 명이랑 포켓 한 명을 뽑았는데 캐롬으로 뽑혀서 들어갔어요.

남자들하고 같이 경쟁을 한 건가요.

그쵸. 제 또래엔 저밖에 여자가 없었으니까.

그럼 또래 남자들을 다 세치고….

그쵸. (뿌듯한 표정으로 박수)

고등학교는 진로를 결정하는 시기인데 그때도 괴리나 혼란이 있었나요.

고등학생 때부터 성적이 더 잘 나왔는데, 그래도 하고 싶은 게 생기긴 했어요. 정말 하고 싶다는 아니고 해보고 싶다. 고등학교 2학년 때 윤리가 너무 재밌는 거예요. 윤리 선생님을 보면서 '아, 나도 윤리 선생님 해보고 싶다'는 생각도 했었고. 언니가 집에서 빵 만드는 걸 봤는데 그게 너무 재밌어 보여서 제과제빵도 잠깐 했었고. 오빠가 향 좋은 커피를 많이 마시는 걸 보면서 '커피 바리스타도 해보고 싶은데?' 하는 생각도 했었고. 그런데 (다른 걸) 시도해본다는 것 자체가 불가능했던 거 같아요. 모든 시간이 당구에만 집중돼있어서. 밥먹고 학업하는 시간 외에는 다 당구로만 채워져 있었기 때문에 (다른) 뭔가를 할 수 없었어요.

부모님 의중이 크긴 했지만, 당구가 그렇게 좋지 않았다면
"안 한다"고 할 수 있었을 텐데요.

안 하고 싶다가도 성적이 나면 하고 싶잖아요. 제가 또 승부욕이
있어가지고. 자존심이 세서 지는 걸 싫어해요. 하기는 싫은데 일단
했으면 지기는 싫은 거죠. 그렇게 하다 보니까 지금까지 하게 된 것
같아요.

그런데 대학 와선 생각이 좀 바뀌었어요. 당구의 저변이 점점 커지
는 게 제 눈에도 보이고. 중·고등학교 땐 연습, 연습, 연습만 했으
니까 재미를 느낄 수 없는 분위기잖아요. 그런데 (대학 들어간 뒤) 밖
에 나가서 공쳐보니까 재미가 좀 있더라고요. 사람들하고 어울려서
쳐보기도 하고. 그래서 대학교 때부터 '아, 내가 당구선수를 해야겠
다'그렇게 생각을 한 것 같아요. 그런데 정작 '해야겠다'고 마음먹
으니 그때부터 성적이 좀 저조해지기 시작했어요. 직업병처럼 계속
쓰는 (신체) 부위가 안 좋아져가지고.

운명의 장난이네요. 하기 싫을 땐 성적이 잘 나오다가
내가 이 길을 가야겠다 싶으니까 안 되는.(웃음)

정말 운명의 장난인가 하는 생각이 들었던 건 중·고등학교 때 내

내 있었어요. 대회 중간중간 2~3주간 비는 기간이 있잖아요. 그땐 정작 공이 잘 맞아요. '아이씨! 나 이거 안 해. 나랑 안 맞아' 이랬는데 (막상 대회 땐) 성적이 갑자기 나요. 그럼 '아! 내가 또 잘하긴 하나 보다' 하고 열심히 하면 성적이 안 나고. 그럼 또 '아! 역시 아니야. 재미도 없는데, 뭐 하러 해.' 그럼 또 자꾸 성적이 나고.(웃음) 고등학교 땐 딱 그 생각했던 거 같아요. '아, 이거 내가 하기 싫어도 언젠간 성적이 나겠구나. 이게 내 길인가보다.'(웃음) 지금은 그냥 열심히 하고 있어요. 이런저런 생각 안 하고.

생각이 바뀐 특별한 계기가 있나요.

특별한 건 사실 없고요. 제 생각엔 좋은 사람들을 많이 만났… 아, 이렇게 얘기하면 (당구를 억지로 시킨) 부모님이 너무 나쁜 사람이 되는데? 아, 이거 아닌데. 저희 부모님 정말 좋은 분들이에요.(웃음) 주변 친구, 지인들이 격려와 지지를 많이 해준 것 같아요. 그게 힘이 돼서 힘들 때 포기 안 하고, '이렇게 응원해주는 사람들이 있는데 내가 지금까지 해온 걸 안 해버리면 그 사람들에게 너무 미안하지 않을까' 하는 생각?

그리고 제가 대학에 왔을 땐 당구에 대한 제 관심도에 비해 너무 많은 인지도를 얻었어요. 그래서 내가 이걸 그만두고 싶어도 그만두면 안 될 것 같은 이상한 책임감? 그런 게 생겼던 것 같아요.

하긴 싫은데 성적이 잘 나오거나 집안 분위기 때문에
계속 당구를 해야 했을 땐 목표라는 게 크진 않았겠네요.

목표가 항상 있긴 있었어요. 순전히 승부욕, 자존심으로 아! 1등. 여
자 랭킹 1등 해봐야겠다. 이런 단순한 목표? 그러다가 지금은 목표
가 좀 더 세부적으로 변했죠. 에버리지(당구 측정 점수)를, 진짜 실력
을 높이고 싶어요. 성적이 안 나는 건 선수 스스로도 힘들고 응원
해주시는 분들께도 죄송한 부분이지만 실력이 올라가면 성적도 날
거라고 생각하고. 대회 성적에 연연해 마음고생 하지 말고 진짜 실
력을 키우자는 생각을 하고 있어요. 목표 자체가 (이처럼) 세부적으
로 바뀐 게 제가 하고 싶다는 의지가 생겼다는 의미겠죠?(웃음)

건강 문제로 힘들었던 적이 있었다고요.

지금까지도 그건 힘들어요. 당구로 생긴 직업병은 중·고등학교 때
이후 계속 달고 오고 있는 것 같고. 고2 때 뇌수술을 했었어요. 폐
쇄성 수두증이라고 혈관이 막히는 병인데 그 수술을 했었어요. 그
수술 마치고 보름 뒤에 전국체전이었거든요. 제가 선발로 출전이
확정돼 있던 상태기 때문에 제가 안 나가면 그 자리가 비게 돼요.
뇌수술을 했으니까 머리를 밀었잖아요. 그래서 모자 쓰고 꼬질꼬
질한 상태로 대회에 출전을 했었어요.

처음엔 아버지의 의지에 따라 억지로 한 경향이 많은 것 같은데
지금은 선수 생활이 재미있나요.

네. 지금은 조금 흥미를 느끼는 것 같아요. 그런데 오히려 부모님이
안쓰러워하세요. 수술한 것 말고도 중학교 때부터 계속 달고 있는
병이 목 디스크랑 손목. 손목 깁스를 세 번 정도 했거든요. 안쓰러
워하시죠. 이제 자기가 해보고 싶다는데 몸이 안 따라주니까.

제가 작년(2017년)에 스타일을 바꿨어요. '이러다가 평생 손목을 못
쓸 수도 있겠다' 할 정도의 고통이 있었거든요. 문고리를 돌리기 힘
들 정도로 아팠었죠. 그래서 세계선수권 다녀온 다음에 당구치는
방법을 바꿨죠. 원래 쓰지 않던 근육을 쓰는 쪽으로. 그래서 손목은
안 아픈데, 어깨가 아프기 시작했어요. 이건 적응할 때까진 아플 것
같아요.

세계선수권에서 2등을 두 번이나 하고,
우리나라에서도 랭킹 1위를 달성한 적이 있는데요. 비결을 꼽자면.

꾸준한 연습? 제 의지가 있었든 없었든 정말 꾸준히 연습을 했거든
요. 중·고등학생 때는 학교 끝나고 당구장 가서 새벽 1시 넘어서까
지 연습하고 했었죠. 지금도 그렇고 당구 시작하고 나서 하루도 빠
짐없이 적어도 6시간씩은 연습을 한 것 같아요. 그게 제 실력이 올
라가고 성적이 날 수 있었던 비결인 것 같아요.

본인이 생각하는 '나의 인생 신념'은 뭔가요.

어릴 때 '실패는 성공의 어머니'라는 얘기를 많이 듣잖아요. 전 지금도 좌우명이 뭐냐고 물어보면 다 그걸 적어요. 당구나 운동뿐만 아니라 뭐든 실패를 겪어봐야지 잘 될 수 있는 방향을 알고, 그걸 알고 난 뒤 더 잘 하면 성공을 하는 거잖아요. 이렇게 말하니까 너무 노인 같은데, 실패하고 실패하고 실패하다가 성공 한 번 해볼 수 있는 것. 이게 인생의 거의 다인 것 같아요.

일찌감치 진로가 정해진 케이스인데
장기적인 인생 목표가 따로 있나요.

우선 세계가 인정하는 당구선수가 되기까지 기술 연마를 하는 데 힘을 쏟을 거고요. 세계적인 선수가 되면 카페 하나를 차려보고 싶어요. 빵도 굽고 커피도 내리고.

같은 또래인 스물에게 해주고 싶은 말이 있다면.

지금 하고 싶은 얘기는 '하고 싶은 일에서 잘 하는 걸 찾았으면 좋겠다'는 거예요. 자기가 정말 잘 하는 일인데 그 일이 너무 싫으면 다시 한 번 생각해보라는 것? 사실 저도 모르겠어요. 확신해서 말씀드릴 수 없는 게, 제가 아직 모르잖아요. 제 후년의 삶을. 제가 나중에 너무 잘 돼서 잘 살면 '힘들어도 참고 하면 된다'라는 말이 나오겠는데, 전 아직 힘든 과정 속에 있으니까. 세계적인 선수가 돼 인터뷰를 하면 '하기 싫은 게 있어도 열심히 하면 됩니다' 이러고 있겠죠(웃음)?

전 지금도 좌우명이 뭐냐고 물어보면

다 이렇게 적어요.

'실패는 성공의 어머니'

뭐든 실패를 겪어봐야지

잘 될 수 있는 방향을 알고,

그걸 알고 난 뒤 더 잘 하면

성공을 하는 거잖아요.

실패하고 실패하고 실패하다가

성공 한번 해볼 수 있는 것.

이게 인생의 거의 다인 것 같아요.

염 동 균

세계 최초 VR 퍼포먼스 아티스트

08

— 작은 도전을 일상화하는 게 진짜 도전

"인생이 순식간에 망했다"고 생각했다.

경제 형편 탓에 꿈을 포기하고 보험 영업에 나섰지만
돈은커녕 인간관계까지 무너져버렸다.
자존감은 바닥까지 떨어졌다.

2주 동안 집에 처박혀
자기 인생에 닥친 불운을 한탄하던 틈 사이로
내 안의 다른 자아가 내게 말을 걸었다.

"어차피 망한 인생,
20대 마지막은 네가 하고 싶은 대로 해봐."

　　　　전 세계 최초의 VR(가상현실) 퍼포먼
스 아티스트 염동균 작가의 8년 전(2019년 기준) 일이다. 인생의 나
락에서 그가 붙든 건 '자기가 하고 싶은 일', 그러니까 그림이었다.
그리고 하나 더. 염 작가는 자신의 하루하루를 기록하기 시작했고,
이 새로운 습관이 본인의 인생을 바꿨다고 말한다. 그가 "도전은
거창한 게 아니며 작은 도전을 일상화시키는 게 더 중요하다"고 강
조하는 이유다.

　염 작가는 구글의 틸트 브러시(VR 페인팅 프로그램) 등 VR 장비를
활용해 가상의 공간에 그림을 그리는 퍼포먼스를 라이브로 진행하
는 아티스트다. 그림을 그리는 데 필요한 예술적 감각과 라이브에
필요한 연극·연기적 요소, VR 장비를 다루는 기술력을 겸비해야
하는 이러한 퍼포먼스를 사업화해 지속적으로 수익을 창출하는 아
티스트는 염 작가가 국내는 물론 세계에서 최초의 사례다.

　프리랜서로 일을 시작했던 염 작가는 지난 2016년 자신의 사업
체였던 '브로큰브레인'을 법인으로 전환하며 당시 친구로 지냈던
성동효 대표를 영입했다. VR 아티스트로 이름이 알려지면서 급격
히 늘어난 작업량을 감당키 위해 전문 경영인을 따로 두고, 자신은
퍼포먼스에 집중하기 위해서다.

염동균 작가의 그래피티 작품들 (자료제공＝브로큰브레인)

"비상업적으로 VR 아트를 작업하는 분들은 계시지만 제대로 공연을 만들어 지속적으로 수익을 창출하는 팀이나 아티스트는 전 세계에서 저희(브로큰브레인) 밖에 없어요. 지금까진 현대·기아차 등 국내외 대기업이나 정부 기관 등이 진행하는 프로젝트에 참여했었는데, 2018년 7월부턴 일반 관객을 대상으로 하는 공연도 직접 주최하고 있습니다. 해외 진출도 공격적으로 염두에 두고 있고요."

염 작가가 VR 장비를 손에 쥔 건 2016년 중반. 사실 그전부터 그는 그래피티(스프레이 페인트를 이용해 벽 등에 그리는 그림) 라이브 페인팅이나 트릭아트Trick Art · 속임수 예술 등 미술을 활용한 여러 실험으로 업계의 주목을 꾸준히 받아온 인물이다. 국내의 한 명사名士 프로그램(세상을 바꾸는 시간 15분)에서 강연자로 나선 경험이 있을 정도다. 그런 그가 VR이라는 미지의 장비에 도전한 건 '새로움'에 대한 갈망 때문이었다.

"제가 매너리즘이 빨리 오는 편이라 작업을 계속 새롭게 하는 걸 좋아해요. 처음엔 캔버스에 물감으로 그림을 그리다가 스프레이를 쓰고, '라이브로 그림을 그려야겠다'면서 드로잉 퍼포먼스를 하고요. 이렇게 5~6년 동안 그림으로 이런저런 시도를 하다가 (VR 장비) 광고를 봤는데, '얘라면 내가 뭔가를 해볼 수 있겠다'고 직감적으로 느꼈어요. 그래서 곧바로 구매를 해서 연습을 하게 됐죠."

글로벌 남성잡지 『맨즈 헬스』가 주최하는 쿨가이 선발대회에 선발된 경력이 있을 정도로 준수한 외모와 몸매를 갖춘 염 작가. 그러나 그의 인생 전체가 외관처럼 활력 넘쳤던 건 아니다. 그 스스로 "인생이 망했다"고 표현할 정도로 어려운 시기가 있었다.

20대 중반 돈 때문에 그림 그리는 일을 포기하고 생명보험 영업 사원직에 뛰어든 염 작가. 그러나 제 몸에 맞지 않은 옷을 입었던 탓인지 "엄청 못했다"고 한다. 거듭된 보험 권유에 부담을 느낀 친구들도 염 작가 곁을 떠나기 시작했다. 결국, 보험 영업맨 생활을 버티지 못한 채 회사를 그만둔 염 작가가 집안에 틀어박힌 지 2주째. 염 작가 안의 자아가 말을 걸어왔다고 한다.

"하고 싶었던 일(그림)을 포기하고 돈만 벌려고 영업사원을 해보니까 굉장히 우울해지더라고요. 자존감도 엄청 낮아져서 아무도 안 만나게 되고. 그렇게 방 안에만 틀어박혀 있었는데 문득 이런 생각이 들더라고요.

'어차피 답 없는 인생, 동균아! 20대 마지막은 네가 하고 싶은 것만 해보자.' 그때부터 부모님과 함께 살던 집 베란다에 조그마한 캔버스를 사 가지고 그림을 그리기 시작했죠."

그렇게 다시 붓을 잡은 염 작가는 자신의 작품을 매일 블로그에 올리기 시작했다. 연리 수십 퍼센트에 달하는 제3금융권 대출을 끌어 쓸 만큼 경제적으로 곤궁했던 터라 닥치는 대로 일도 했다. 카페나 술집에 가선 "벽화가 필요하면 언제든 연락을 달라"며 명함을 뿌렸다. 그때만큼은 끔찍했던 영업사원의 경험이 꽤 큰 도움이 됐다고 한다.

그리고 하나 더. 그는 '5시 기상·운동·금주'라는 자기만의 목표를 실천하기 위해 기록표를 만들었다. 목표를 달성하지 못한 날은 'X' 표시와 함께 그 이유를 적은 기록표를 매일 자신의 SNS에 올렸다. 그때의 일상을 버티게 한 건 바로 이 습관들이었다고 염 작가는 말한다.

"인생의 바닥을 친 뒤 마지막으로 지푸라기를 잡는 심경으로 열심히 했어요. 돈도 안 되는 그림을 베란다에서 계속 그리는 저를 유지해줬던 게 새로운 습관이었죠. 어제 일찍 못 일어

날짜	05:00기상	운동	금주	비고	날짜	05:00기상	운동	금주	비고
5월28일	X	X	O	알아내지도 못하고 다짐을, 많이 필요가 있구나	6월4일	X	X	O	전날에 안하던 운동을 너무 무리해서 했다. 알람을 듣고 일어났으나 다시 잠이 들었다.
5월29일	O	X	X	5시기상, 일어날 때는 상쾌했는데 역시나 몸이 찌뿌둥 굳어있자 않아 하루 종일 정신을 차리지 못함.	6월5일	O	O	O	5시기상에 드디어 운동을 시작했다. 복싱을 하 러왔으나 시간이 맞지 않아 1시간 코스를 정해 서 달리기를 시작했다.
5월30일	O	X	X	5시에는 기상했으나 아직 시간을 효율적으로 사 용하지 못함. 운동을 기상지개로 하면서 아직 도 해가지 있음.	6월6일	O	O	O	Good!!
5월31일	O	X	X	평소보다 5시 기상을 잘하고 있음에 나 자신에 게 놀랐. 하지만 아직 산재증후 적응중이다. 금주오늘도 술 한 잔을 했다. 금주가 생각보단 쉽잖이 어렵다.	6월7일	O	O	O	Good!!
6월1일	O	X	X	5시 기상을 했으나 너무 피곤하여 술 때문에 너무 나 피곤하다. 역시 황달하는 금주를 해야겠다.	6월8일	O	O	O	Good!!
6월2일	X	X	O	최근이 풀려서 절모 이낲은 기상 실패.	6월9일	X	O	O	금요일 저녁 늦게까지 미루감할 작업이 있어서 늦게 취침... 하지만 비겁한 변명일 뿐...

염 작가가 자기만의 목표를 실천하기 위해 만든 기록표.
그는 이 메모를 매일 SNS에 올리며 자신의 생활 습관을 다잡아나갔다.

나서 X를 쳤는데, 오늘은 O가 그려져 있는 걸 보고 만족하고, '나 오늘 잘 했다'고 스스로 위로하고. 이런 게 뻔한 자기계발서에 많이 나오는 내용인데, 직접 해보니까 인생이 진짜 바뀌더라고요."

염 작가의 말처럼 작은 습관의 변화는 인생의 큰 전환점이 됐다. 매일 블로그에 올라온 그림과 벽화 작업을 본 사람들이 염 작가에게 작업을 의뢰해오기 시작하면서 점차 생계를 해결할 수 있게 된 것. 그러던 와중에 만난 VR이란 기술은 그에게 "인생의 기회를 가져다줬다"고 염 작가는 말한다.

"사실은 돈이 될 수 있는 작업은 다 했어요. 캐리커처부터 벽화, 트릭아트, 그래피티, 공연에 들어가는 미술 작업까지. 조그만 작업실에서 레슨도 진행했고요. 어떻게든 생존을 해야 했으니까. 이렇게 한 작업을 매일 블로그에 올리니까 조금씩 의뢰 전화가 오더라고요. 점점 더 일이 많아지는 와중에 VR이라는 기술을 만나 여기까지 오게 된 거죠."

염 작가가 강조하는 건 '작은 도전의 일상화'다. 도전을 지나치게 크게 포장하면 시도도 하기 전에 부담을 느껴 포기하기 일쑤다. 반면 자기 삶 안에서 쉽게 실천할 수 있는 목록을 '작은 도전'으로 일상화하다 보면 그것이 쌓여 큰 성취, 혁신의 씨앗이 될 수 있다고 염 작가는 말한다.

"사실 도전을 강요하는 지금의 사회가 좋다고 생각하진 않아요. 모든 사람이 매번 도전만 하고 살 순 없거든요. 다만 도전을 해야 할 시기가 있는데, 그때의 도전을 거창하게 생각하지 않았으면 좋겠어요. 예를 들면 '아침에 한 시간 일찍 일어나기', '운동하기', 이런 게 도전이죠. 이런 작은 도전을 일상화하는 게 더 중요한 것 같아요."

글로벌 남성잡지 『맨즈 헬스』가 주최한 쿨가이 선발대회에 출전할 당시의 염 작가(왼쪽 사진).
그는 "이 나이가 넘으면 도전할 수 없을 것 같다"는 이유로 지난 2014년 프로복싱대회에 출전하기도 했다.

염 작가의 또 하나의 이색 경력. 프로 권투 선수다. 젊은 시절 8
년간 권투를 배워 지난 2014년 프로권투대회에 딱 한 번 출전, 1승
무패 승률 100%의 복서라는 이력을 추가했다. 하루하루 꾸준히 연
습한 8년 치를 모아 호기롭게 도전한 프로 복싱 무대에서 그는 흠
씬 두들겨 맞았지만, 그보다 더 많은 잔펀치를 상대방에게 날려 판
정승을 거뒀다.

그 시합을 눈으로 보지 않아 단정할 순 없지만, 염 작가의 그림
인생 역시 그때의 사각링과 비슷하지 않을까. 그는 인생의 나락 속

에서도 어떻게든 하루하루 그림을 이어갔다. 그 과정에서 염 작가는 흠씬 두들겨 맞았다. 하지만 그보다 더 많은 잔펀치를 날리는 일, 즉 작은 도전을 주저하지 않았다. 그러던 중 VR을 만나 '세계 최초 VR 퍼포먼스 아티스트'라는 새 기록을 쓴 염 작가. 복싱 때와 다른 게 있다면 그의 도전이 지금도 현재 진행형이라는 점이다.

"VR 기기도 결국 그림을 그리는 도구라는 측면에선 유행이 지나가겠죠. 저 역시 계속 새로운 시도를 해야 할 테고요. 저희 회사의 모토가 '예술에 대한 끝없는 도전: 미술이 어디까지 재미있어질 수 있는지'인데요. 이 모토처럼 계속 도전을 시도해 예술가들이 제대로 된 대우를 받는 '아티스트 매니지먼트 회사'를 만들고 싶은 게 궁극적 목표입니다."

자기소개 부탁드립니다.

브로큰브레인에서 메인 아티스트를 맡고 있는 염동균입니다.

어떤 활동을 하고 계신가요.

라이브 VR 드로잉drawing · 그림 퍼포먼스를 진행하고 있습니다. 퍼포머performer · 행위자가 VR 장비를 머리에 두르고 드로잉을 하면 그 화면이 대형 LED 전광판에 송출되는데요. 각종 행사에 맞는 내용을 비주얼적으로 각색해 공연을 하고 있습니다.

VR 드로잉을 하는 사람이 많이 있나요.

VR 아트 작업을 하는 개인은 몇몇 있어요. 하지만 이걸로 공연을 만들고, 지속적으로 수익을 창출하는 팀이나 아티스트는 전 세계적으로 저희밖에 없습니다.

VR 드로잉을 어떻게 처음 시작하게 됐나요.

2016년 중반쯤이었어요. 그때도 작가로 활동 중이었는데, 우연히 구글의 VR 광고 영상을 보고선 본능적인 직감이 왔죠. '저걸로 뭔가 할 수 있을 것 같다'는 생각이 들어 곧바로 구매를 했어요. 당시는 기술이 초창기 수준이어서 '이걸로 퍼포먼스를 할 수 있을까' 하는 우려도 있었는데, 우선은 그냥 했어요. 어쨌든 세계 최초니까. 운이 좋아 그렇게 시작을 했는데, 이 정도까지 될 줄 몰랐고, 지금은 회사의 효자 상품이 됐죠.(웃음)

처음으로 거슬러 올라가 보겠습니다. 언제부터 미술을 하셨나요.

20대 중반 무렵부터 캔버스 작업을 하면서 전시를 조금씩 했어요. 그러다 급히 돈을 벌어야 할 사정이 생겨 생명보험 영업사원을 하게 됐죠. 그런데 그걸 엄청 못 했어요.(웃음) 보험 권유를 워낙 많이 하다 보니 지인들도 다 떨어져 나갔고요. 하고 싶었던 일(그림)을 포기하고 돈만 벌려고 영업사원을 하다 보니 굉장히 우울해지더군요. 그때가 스물아홉 살이었는데, 자존감도 엄청 낮아져서 아무도 안 만났어요. 그렇게 방에만 2주째 틀어박혀 있는데 문득 이런 생각이 들더라고요. '어차피 답 없는 인생, 동균아! 20대 마지막은 네가 하고 싶은 것만 해보자.' 그때부터 조그마한 캔버스를 사 가지고 부모님 집 베란다에서 그림을 그리기 시작했죠.

그림 그리는 것만으론 먹고 살기 어렵지 않았나요.

제3금융권 대출을 끌어 쓸 정도로 어려웠죠. 이자가 어마어마하더 군요.(웃음) 그래서 돈 벌 수 있는 작업은 다 했어요. 캐리커처부터 벽화, 트릭아트, 그래피티, 공연에 들어가는 작업도 하고요. 조그마 한 작업실을 하나 얻어서 레슨도 열었죠. 카페나 술집 갈 일이 있으 면 "벽화가 필요하면 언제든 연락 달라"면서 명함도 뿌렸습니다. 그 땐 보험영업 뛸 당시의 경험이 큰 도움이 되더군요.(웃음) 아무튼 이 것저것 닥치는 대로 작업을 했어요. 어쨌든 생존을 해야 했으니까.

또 하나 제가 한 게 뭐냐면, 제 작업물을 블로그에 올리는 일이었 어요. 돈과는 상관없이 그저 내 활동을 기록할 방편으로, '좀 더 많 은 분들이 내 그림을 봤으면 좋겠다'는 생각 정도로 매일매일 블로 그를 했습니다. 그런데 제 블로그를 본 분들로부터 의뢰 전화가 조 금씩 오더라고요. 점점 더 일이 많이 들어오면서 어느 날부터 제가 생계를 해결하게 됐고, 그렇게 여기까지 오게 된 거죠.

VR 드로잉 관련 광고를 본 게 그즈음인가요.

그렇죠. 보자마자 감이 딱 와서 바로 해외 배송으로 직구를 했습니 다.(웃음) 아까도 말씀드렸지만, 당시엔 VR 드로잉으로 상업 작품 을 하는 게 첫 시도였기 때문에 클라이언트ᵍ객 입장에선 리스크가 클 수 있었죠. 그런데 다행히 제가 그동안 쌓아왔던 포트폴리오가 많아 비교적 진입을 쉽게 할 수 있었어요. 사실 운도 좋았습니다. 지금 4차 산업혁명 붐이 불고 있는데, 4차 산업혁명을 상징할 수 있는 퍼포먼스로 사실 이만한 게(VR드로잉) 없잖아요.(웃음)

전례가 없던 일인데 두려움은 없었나요.

제가 그런 걸 즐기는 편이에요. 저를 자극하거나 처음하는 것, 리스크가 있는 것. 이런 게 좀 재미있잖아요. 사실 제가 싫증을 금방 느끼는 편이거든요. 그래서 '뭔가 새로운 걸 넣어보자'는 시도를 많이 하는 편이에요.

지금 하시는 일을 즐기고 있다는 느낌이 듭니다.

모든 것엔 희로애락이 있다고 생각해요. 재미있는 것도 있고, 힘든 것도 있고. 사실 좋아하는 일이 업業이 됐다고 해도 100% 재미있진 않잖아요. '좋아하는 일을 직업으로 삼아라. 그래야 행복하다'라고 하는데, 전 그게 아니고, 덜 불행하다고 생각해요. 물론 무대에 올라가서 공연을 하는 건 재미있습니다. 그런데 그 잠깐의 재미를 위해 일주일, 한 달, 많게는 6개월씩 프로젝트를 진행하거든요. 그 과정에서 클라이언트랑 커뮤니케이션하고, 스토리보드 짜고…. 눈에 보이는 작업 이외의 부분이 사실 더 많은데, 이런 건 지겹다고 느낄 때가 꽤 있죠. 회사가 커지면서 느끼는 압박감도 없다면 거짓말이고요. 그저 '더 재미있게 하려는 노력을 하는 것' 같아요.

스물에게 해주고픈 얘기가 있다면

똑같은 거 하지 말자. 조금이라도 새로운 거 하자. 도전을 일상화시켜야 한다고 생각해요, 지금 시대에 살아남으려면. 사실 도전을 강요하는 지금의 사회가 좋다고 생각하진 않아요. 모든 사람이 매번 도전만 하고 살 순 없거든요. 다만 도전을 해야 할 시기가 있는데, 그때의 도전을 거창하게 생각하지 않았으면 좋겠어요. 예를 들어 '아침에 한 시간 일찍 일어나기', '운동하기', 이런 게 도전이죠.

본인이 했던 '작은 도전'을 소개해줄 수 있나요.

(보험 영업으로) 인생 바닥을 찍고 있을 때 기록표를 만든 적이 있어요. '5시 기상, 운동, 금주.' 이 3가지 목표를 실천하려고 기록표를 만들어서 그날 못한 건 'X'를 친 뒤에 그 기록표를 일부러 페이스북에 올렸어요. 무엇 때문에 못 일어났고, 무슨 일로 술을 마셨고, 운동을 왜 못 갔는지 등의 이유도 다 피드백으로 쓰고요. 그렇게 하다 보니 언젠가부터 동그라미가 늘어가더군요. 그걸 보고 '나 오늘 잘 했다'고 스스로 위로하고. 자기계발서에 있는 뻔한 얘기인데, 하라는 대로 했더니 신기하게도 인생이 조금 바뀌더라고요. 당시엔 돈도 없이 맨날 베란다에서 그림만 그렸는데, 그런 저를 유지해준 건 사실 그런 습관들이었어요.

영 상 보 기 Youtube

QR코드를 스캔하면 위 인터뷰를 영상으로 보실 수 있습니다.

사실 좋아하는 일이 업業이 됐다고 해도

100% 재미있진 않잖아요.

'좋아하는 일을 직업으로 삼아라. 그래야 행복하다'

라고 하는데

전 그게 아니고,

덜 불행하다고 생각해요.

엄홍식

수제 클래식 기타 제작자

09 —

당신은 일의 노예입니까 주인입니까

일을 대하는 두 가지의 상반된 태도를 지칭하는 단어,
'노오오력'과 '주인의식'.
하나는 그 어감이 심히 부정적이고 다른 하나엔 철학이 담겨 있다.
둘의 차이를 가르는 건 뭘까.

이 같은 질문 끝에 억대 연봉의 엔지니어 생활을 포기하고
악기 제작자로 인생의 방향을 바꾼 이가 있다.
3대째 가업을 잇고 있는
수제 클래식 기타 제작자 엄홍식 씨가 그 주인공.

자신을 잃어버린 삶을 살다
'자신이 주인이 되는 일'을 찾았다는 그에게
'내 일'을 한다는 것은 어떤 의미일까.

기타는 인류 문명에서 역사가 가장 오래된 발현악기(줄을 퉁겨 연주하는 악기) 가운데 하나다. 고대부터 유럽 전역에서 여러 형태로 발달해 온 기타는 18~19세기에 황금기를 맞아 '클래식 기타'로 자리 잡았다. 고전음악 작곡가로 우리에게 친숙한 슈베르트와 파가니니도 다수의 기타 연주곡을 남겼을 정도다.

이처럼 연원이 깊은 클래식 기타를 국내에 뿌리내리게 한 이들이 바로 엄씨 집안이다. 엄 씨의 할아버지인 고故 엄상옥 명장은 일제강점기인 1932년부터 한국에서 기타를 만든 '국내 1호' 클래식 기타 제작자다. 뒤이어 가업을 물려받은 엄태흥 장인은 자타공인 국내에서 가장 유명한 기타 제작자이다. 지금은 엄홍식 씨가 3대째로 가업을 물려받아 클래식 기타 제작 명맥을 잇고 있다. 그러나 엄 씨가 처음부터 기타 제작 일에 손을 댄 것은 아니었다.

"대를 이어온 기술을 버리긴 아깝지만, 아버지가 겪어보니 이 생활이 너무 힘든 거죠. 기타라면 어머니도 끔찍해 하실 정도로요. 그래서 제게 제안을 하셨어요. '젊을 때부터 기타 일을 하면 바보 된다. 기타를 만들고 싶으면 다른 일을 해서 몇 년치 생활비, 재료비를 벌어와라.' 일단 직장 생활을 해보고 기타는 정년퇴직 후에나 만져야겠다 생각했죠."

그렇게 엄 씨는 가업을 수십 년 뒤로 미뤄두고 엔지니어로서의 삶을 택했다. 일본으로 건너간 그는 파나소닉, 산요를 거쳐 스웨덴의 텔레카 연구소까지 쟁쟁한 글로벌 대기업에서 소프트웨어 개발에 전념했다. 밤낮 없이 일에 매진한 덕에 엄 씨의 1년 몸값은 1억 4,000만 원까지 치솟았다.

"연봉이 5,000만 원을 넘으니 시간을 팔았고 8,000만 원을 넘어가니 영혼을 팔기 시작하더군요. 저라는 존재가 없었어요. 매일 밤늦게 들어가고 새벽에 출근하니 부모님은 제가 집에

두 개의 목재를 붙이고 곡선의 기타 모양으로 잘라 클래식 기타의 전판(앞 면)을 만든다.
촬영 날 사용한 목재는 북미산 시더.

들어왔는지 안 들어왔는지도 모르시고, 친구들도 못 만났고
요. 심지어 인터넷에서 물건 살 시간도 없었어요. 가끔 직원들
끼리 술 먹고 일이 힘들다며 괴로워하기만 했죠."

엄 씨가 해외를 누비며 '잘 나가는 엔지니어'로 고군분투한 지 11
년. 누구 못지않게 몸과 마음을 불살라가며 일했지만, 뒤를 돌아보
니 그에게 남은 것은 아무것도 없었다. 엄 씨는 "직장에서 나는 커
다란 기계 안의 성능 좋은 톱니바퀴 중 하나일 뿐이었다"고 그때를
회상했다.

사운드홀(가운데 구멍)을 뚫기 전 주변부에 문양을 새기는 과정을 로제트Rosette 작업이라고 한다.

"전 직원이 불가능하다며 포기했던 휴대폰 소프트웨어 프로젝트를 맡은 적이 있어요. 사는 게 사는 게 아니었죠. 초과근무만 한 달에 250시간씩 했으니까. 피 말리는 한 해를 보낸 후 결국 휴대폰을 출시했어요. 그해 제가 맡은 회사의 3G 휴대폰 출하량이 세계 1위가 됐죠. 제게 돌아온 건 성과급 몇백만 원, 망가진 몸, 그리고 '수고했다'는 말 한 마디가 전부였어요."

무엇보다 그를 괴롭혔던 건 '자신이 뚜렷한 인생의 목석 없이 에너지만 쏟아붓는 삶을 살고 있다는 사실'이었다. 무너진 '일과 삶의

기타의 측판은 건조된 목재를 따뜻한 물에 적신 후 열을 가해 만들어진다. 30분 동안 열을 가한 뒤, 그 상태로 하루를 둬야 한다.

균형' 문제와는 다른 차원의 '자기 자신이 실종된 삶'이었다. 엄 씨는 그날로 회사에 단축 근무를 신청했다. 그렇게 인생에 대한 고민이 시작됐다.

"회사에서 정해주는 목표는 있었지만 '왜' 내가 이 일을 해야하는지, 내가 '무엇'이 되고 싶은지가 없었어요. 시간에 쫓겨해야 할 일만 따라가기도 벅찼으니까요. 생각할 시간을 갖게되니까 정년퇴직 후에 하려고 했던 기타가 떠오르더라고요. 그렇게 회사를 그만두고 아버지에게 기타 제작 일을 본격적으로 배우게 됐어요."

지난 2007년부터 아버지와 함께 기타를 만들기 시작한 엄 씨. 그가 처음 연장을 잡은 것은 단지 대를 이어 아버지의 자부심을 지키겠다는 이유에서였다. 그러나 10여 년이 지난 지금 엄 씨에게 클래식 기타는 '스스로의 자부심'이다. 4년 전부터는 수입 유명 악기와같은 수준의 연주자용 기타를 제작해 팔 수 있는 수준까지 올라섰다. 지난 2016년에는 주목받는 신인 연주가 마르코 톱치가 엄 씨의 기타를 가지고 샌프란시스코 국제 콩쿠르에서 우승했을 정도다.

전판, 측판 등을 조립한 후 사포질을 하고 광을 낸다. 기타 세 대를 만드는데 두 달이 소요된다. 기타 제작은 기다림의 연속이다.

"자기 악기로 외국의 수준 있는 콩쿠르에서 우승한 경우는 한국에서 제가 처음일 거예요. 5년 전에 제 기타를 써보라고 하면 무시하던 연주자들이 지금은 기타 달라고 사정을 해요. 제 스스로도 성과를 많이 이뤄냈다고 봐요."

'국내 최고 기술자'라는 타이틀이 붙어 있는 아버지의 존재는 엄 씨만이 누릴 수 있는 혜택임이 분명한 사실. 그러나 그는 그 이점만으론 설명할 수 없을 만큼의 성과를 단기간에 이뤄냈다. 엄 씨는 그 비결로 '생각하는 성실함'을 꼽았다.

수제 기타는 보통 브랜드 없이 제작자의 이름을 그대로 사용한다. 네임 태그를 기타 안에 넣으면
연주자를 맞을 준비가 끝난다.

"많은 사람이 성공의 비결로 '성실'을 꼽지만, 단순히 성실하기
만 해서 성공한 사람은 한 명도 없을 거예요. 성실하고 부지런
히 일하면서도 '생각'을 해야 해요. 저 같은 경우에는 '이번에
는 이렇게 했으니 다음에는 이렇게 바꿔볼까' 끊임없이 생각
하면서 작업을 해요. 일 하나를 해도 '왜' 이렇게 해야 하는지
계속 생각하죠. 그러면서 아버지의 기술을 제 방식대로 발전
시킨 것들이 많아요."

회사의 목표를 쫓기 바빴던 엔지니어 시절과 달리 기타를 제작하는 일은 그에게 '인생의 목표'를 만들어 줬다. 엄 씨의 꿈은 '세계적으로 유명한 악기 제작자'가 되는 것. 이 꿈을 이루기 위해 엄 씨는 오늘도 자기만의 방식으로 나무를 깎고 기타 줄을 맨다.

"열심히 노력해서 기타를 만들었어요. 그런데 연주자들을 만나면 더 좋은 악기를 가지고 있는 거예요. 예를 들어 기타는 음량이 작은 악기 중에 하나거든요. 어느 날 누군가가 음량이 굉장히 큰 기타를 가져와요. 그걸 보는 순간 좌절이 오는 거죠. 그 기타를 따라잡기 위해 노력하다 보면 어느 날 그 경지에 올라 있어요. 그러면 다음 목표를 찾아 고민하고 노력해서 이뤄내야 하는 거죠."

내 인생의 목표를 세우고 일을 통해 이를 성취하는 삶. 엄 씨는 기타를 만들며 비로소 일의 '주인'이 됐다. 그가 "클래식 기타는 확실한 내 인생"이라고 자랑스럽게 말할 수 있는 이유다.

"제 서랍 안에 예전에 개발했던 휴대폰이 잔뜩 있거든요. '이거 내가 만들었어'라고 말할 순 있지만 제 것이 아니에요. 제 자신이 아니에요. 거기엔 제 삶의 목표가 없었거든요. 지금은 제가 하는 일에서 저의 존재감이 뚜렷하죠. 무엇을 잘했든 잘못했든 내가 만든 결과고 그게 바로 저예요. 제 인생을 걸고 기타를 만들고, 사람들은 제 악기를 보고 저를 판단해요. 확실한 제 인생이죠."

자기소개 부탁드립니다.

엄홍식이라고 하고요. 현재는 12년째(인터뷰 당시는 2018년 4월) 클래식 기타를 제작하는 일을 하고 있습니다.

처음부터 기타 제작 일을 한 건 아니시라고요.

네. 저는 전산과를 졸업한 이후 그쪽 계통에서 10년 정도 직장 생활을 했었죠. 졸업 직후엔 요즘 흔히 얘기하는 벤처기업을 친구들과 함께 했었고요. 그 이후엔 IMF 때문에 국내에선 취업하기 어려워 일본으로 건너갔죠. '파나소닉'에서 자동차 네비게이션 개발 업무를 했다가 '산요'에서 휴대폰 개발을 담당하기도 했고요. 그렇게 일하다 우연히 유럽 업체 사람들과 만날 기회가 있었는데, 그들의 라이프 스타일이 부러워 스웨덴에서 일한 적도 있고요. 많이 회사를 옮겨 다녔죠.

글로벌 IT업체에서 엔지니어로 일했으니
연봉을 꽤 많이 받으셨을 것 같습니다.

그쪽 분야에선 평범한 편이었는데, 제일 많이 받아 본 건 1억 3,000~1억 4,000만 원 정도. 미친 듯이 밤새고 일한 경우에 그 정도 나오고, 좀 쉬면 7,000~8,000만 원 정도 나왔죠.

현재 물가로 계산해도 굉장히 고액 연봉자였는데,
가업家業을 물려받을 결심한 계기가 있다면.

제 할아버지가 한국에서 (클래식 기타 제조를) 처음 시작하셔서 지금의 저까지 3대가 이어져 왔는데, 이 기술을 버리긴 너무 아깝다는 생각을 아버지께서 갖고 계셨어요. 그런데 저희 아버지께서 너무 힘든 생활을 하셨거든요. 아버지께서 운영하시던 공장이 영세했어요. 차가 너무 낡아 고장이 난 뒤엔 두 손에 기타 16대를 들고 버스를 타고 다니시고 그랬으니까요. 그 정도로 고생을 하셨으니까 기타라면 어머니께서도 아주 끔찍하게 생각할 정도였죠.

그래서 아버지께서 제안을 하셨죠. '젊었을 때부터 기타를 하면 바보가 된다. 어차피 네가 기타를 제작하려면 최소한 20년 건조된 재료가 있어야 하니 그걸 살 돈을 벌어와라. 네가 처음 기타를 만든다고 해도 그걸로 돈을 벌 순 없고, 내가 지원해줄 능력도 안 되니 최소한 5년 치 생활비는 벌어서 와라.'

그래서 직장 생활을 한 건데, 아까 제가 연봉 가장 많이 받았다고 한 해는 속된 말로 영혼까지 판 해였어요, 회사에다가. 연봉이 5,000 넘어가니까 시간을 팔고, 7,000~8,000 넘어가니까 영혼을 팔기 시작하더라고요. 저라는 존재가 없었어요. 한 달에 오버타임 근무만 250시간씩 했으니까. 그렇게 피 말리는 한 해를 보내고, 결과적으로 그해에 3G폰 출하량이 전 세계적으로 저희 회사가 가장 많았어요.

회사 사장님이 한국지사 직원들 200명 정도 모아놓고 회의를 하는데, 저희 프로젝트가 안건 중 하나였죠. "엄홍식 씨, 수고했어요"그 한 마디로 끝이었어요. 물론 성과급을 따로 받았지만, 그 돈 때문에 일 년을 팔아버린 거 아니에요. 내 인생에 있어서 아무것도 없었던 시기. 심지어 인터넷에서 물건 하나 살 시간도 없고, 매일 밤늦게 들어가고 새벽에 출근하니 부모님은 제가 집에 들어왔는지 안 들어왔는지도 모르시고, 친구들을 만난 적도 없고. 가끔가다 직원들끼리 술이나 먹고 힘들다는 얘기하면서 괴로워하고. 나는 거기에서 커다란 기계 안에 있는 성능 좋은 톱니바퀴 중 하나였던 거예요. 그런 식으로 몇 년을 일하다가 회사 쪽에 얘기를 했어요. '나도 시간을 좀 갖고 싶다. 급여를 1/3을 주든, 1/4을 주든 상관없다'. 그래서 오전만 근무하고 오후에는 퇴근을 했어요. 그러면서 아버지 일을 도와주기 시작하다가 언젠가부터 본격적으로 넘어온 거죠. 원래 제 계획은 정년퇴직하고 기타 제작 일을 할 생각이었는데 좀 일찍 하게 된 셈이죠. 회사 그만둘 때 사장님이 이유를 물어보더라고요. 그래서 그런 얘기를 했죠. "더 이상 IT 쪽에서 제가 볼 수 있는 비전은 없는 것 같습니다"라고. 기업으로서의 비전은 무궁무진했지만, 개인으로서의 비전은 없었어요. 그게 가장 힘들었어요. 미래가 없다는 것.

IT 엔지니어와 기타 제작은 완전히 성격이 다른데,
새로운 기술을 배우는 게 어렵지 않았나요.

기술은 1년이면 배워요. 기술이 어느 정도 된 다음부터가 중요하죠. 경험을 계속 쌓아서 나만의 (제작) 감각을 습득하는 게 어려운 일이죠. 제가 물어볼게요. '소리의 아름다움'이라는 것을 측정할 수 있는 절대기준이 있나요? 비단 소리뿐 아니라 춤도 기본적인 동작은 책으로 가르칠 수 있지만, 그저 춤을 추는 것과 춤을 '아름답게' 추는 건 다른 이야기거든요. 카메라 같은 경우도 '포커스·앵글은 어떻게 해라'는 식으로 얘기를 할 수 있지만 '사진을 아름답게 찍는다'는 것을 어떻게 설명할 수 있느냐는 것이죠. 이런 부분은 결국 경험에서 나온 지식이거든요. 여기에서 제 직업의 장점이 나와요. 절대적인 기준이 없는 상태에서 나만의 개성과 생각을 담은 기타를 제작하는 것. 저만의 목표가 있죠. (직장 생활 당시에) 별 것 아닌 목표를 위해서도 열심히 달려본 경험이 있기 때문에 기타 제작에서도 목표를 명확히 잡고 가면 이룰 수 있는 일이 상당히 많을 것이라고 생각해요.

아버지로부터 기술을 전수 받으며 부딪힌 적은 없었나요.

어우, 많이 싸웠죠. 일하다가 뛰쳐나간 적이 한두 번이 아니에요. 아버지께서 뛰쳐나가신 적도 있고. 어머님이 뛰쳐 올라와 말리신 적도 있고.(웃음) "아버지, 나 이렇게 한 번 해보고 싶은데"라고 하면 아버지께서 시큰둥하게 "그래, 네 마음대로 해라. 네가 언제 내 말 들었냐"라면서 나가시는 거예요. 작은 것 같죠? 작지만 그게 되게 커요. 그런데 지금은 서로에 대해 인정을 해주죠. 저 같은 경우도 지금은 성과를 꽤 이룬 편이거든요. 한국을 대표하는 기타리스트이자 교육자인 이성우 씨가 제 기타를 써요. 현재 활동 중인 한국의 거의 모든 유명 기타리스트들은 이 분의 제자라고 보면 되죠. 마르코 톱치라고 신인 연주가가 있는데 2016년 샌프란시스코 국제 콩쿠르에서 제가 만든 기타를 가지고 우승을 했어요. 아마 자기 악기로 외국의 수준 있는 콩쿠르에서 우승한 경우는 한국에서 제가 처음일 거예요. 5년 전 즈음에 한 연주자 친구에게 "내 기타 한번 써봐" 했을 때 완전히 무시를 당했거든요. '너 미쳤냐?' 이런 표정으로 저를 대했는데, 지금은 저한테 기타 하나 만들어달라고 1년째 조르고 있으니까요. 제 스스로도 성과를 많이 이뤄 냈다고 봐요.

어떻게 그런 성과를 이룰 수 있었을까요.

부지런하면 돼요, 모든 일이. 그런데 단순히 부지런함으로만 성공한 사람은 한 명도 없을 거예요. 뭐라고 해야 할까… 생각을 하는 부지런함이 필요하죠. 제 일이 참 좋다고 생각하는 게 다른 일은 할 때 정신을 다 뺏기거든요. 이 일은 단순 작업이 포함돼 있어서 일하며 꾸준히 생각할 시간이 있어요. 아무 생각 없이 작업을 하느냐 고민을 하면서 작업을 하느냐에 따라서 상당한 차이가 나오는 것 같아요. 저 같은 경우엔 '이번에 이렇게 했으니까 다음엔 이렇게 바꿔볼까' 이런 식으로 머리 속으로 그리면서 작업을 해요. 이런저런 다양한 행동을 통해 아이디어를 실현해보는 과정에서 저만의 노하우를 쌓는 것이죠.

제작자님의 성과를 두고 일반인들은
'아버지의 기술을 이어받은 거 아냐'라고 여길 수도 있는데요.

저도 거기에 스트레스를 많이 받았어요. 왜냐면 다들 그렇게 생각할 거 아니에요. '유명한 기타 제작가 집안에서 아들도 다른 거 하다 돌아와서 아버지한테 배웠겠지'라고 생각하는데, 그게 상당히 자존심 상하는 얘기예요. 물론 다른 사람에 비해선 상당히 편하게 일했을 수도 있죠. 유명한 연주자에게 연락해 '저 엄홍식입니다'라고 하면 "누구세요?"라고 하겠지만 '엄태흥 씨 아들입니다. 이번에 새로 만든 악기가 있는데 한 번 평가를 받아보고 싶다'라고 하면 "오세요"라고 하니까. 실제 그렇게 했고요.

그런데 제가 기타를 제대로 못 만들었다면 사람들이 어떻게 생각하겠어요. 십중팔구 '쟤는 기술을 발로 배웠나. 아버지는 좋은데 아들은 왜 그렇게 못하나'라고 흉을 보죠. 어떤 기타 제작자는 제게 "난 기타 만드는 아버지도 없고 형도 없고, 재료도 내가 사야 하고"라면서 저에게 부모 덕만 보고 산다고 이야기를 하기도 했고요. 제 자존심이 상한 건 말할 수가 없을 정도였죠. 저도 노력해서 얻은 것인데 그들에게는 그렇게 안 보였던 것 같아요. 저에 대해 안 좋게 이야기들을 많이 하는데, 그런 이야기 가운데에서도 제가 받아들여야 하는 게 있죠. 그건 악기에 대한 평가입니다. 악기에 대해선 욕을 해도 받아들여야 해요. 말도 안 되는 욕을 하더라도 일단은 기억하고 있어야 해요. 그러지 않으면 바뀌는 게 없으니까.

아버지는 '악기는 이렇게 해야 한다'고 하시지만 저는 '이걸 왜 그렇게 해야 하는지' 의문이 있는 게 있어요. 그러면서 대안을 제시하죠. 사실 아버지의 기술을 제 방식대로 발전시킨 것들도 많아요.

직장 생활할 땐 시간과 영혼을 팔았다고 말씀하셨는데, 지금은 어떤가요.

지금은 존재감이 뚜렷하죠, 제 인생에서. 왜냐면 제가 잘했든 잘못을 했든 내가 한 결과고, 그게 곧 저예요. 제가 만든 악기가 있잖아요? 사람들이 제 악기를 보고 저라는 사람을 판단해요. 제가 회사 다닐 때 개발했던 핸드폰이 제 책상 서랍에 잔뜩 있거든요. "이거 내가 만들었어"라고 말할 순 있는데, 제 자신이 아니에요.

앞으로의 목표는 뭔가요.

당연히 세계적으로 가장 뛰어난 명기 제작자가 되는 거죠. 악기에 대해서 어쨌든 저는 지금까지 따라가기만 했어요. 세계적으로 유명한 악기들만 따라가고 있었어요. 아버지도 한국에서 제일 (클래식 기타를) 잘 만든다는 평가를 받고 있고, 세계적인 기준으로도 훌륭한 악기라는 평가를 받고 계시지만, 가끔 어떤 연주자들을 만나면 더 좋은 악기를 가지고 있거든요. 그걸 뺏어와야죠. 세계 최고의 명기 제작이라는 하나의 꿈을 위해 할아버지, 아버지, 그리고 저까지 인생을 바쳐서 노력하고 있어요. 몇 년만 더 있으면 100년이 되는데, 3대씩이나 물려받은 그 꿈을 이루지 못한다면 자존심 상하지 않겠어요?

영상보기 **Youtube**

QR코드를 스캔하면 위 인터뷰를 영상으로 보실 수 있습니다.

예전 회사 다닐 때 개발했던 핸드폰이

제 책상 서랍에 잔뜩 있거든요.

"이거 내가 만들었어"라고 말할 순 있는데,

제 자신이 아니에요.

지금은 존재감이 뚜렷하죠,

제 인생에서.

왜냐면 지금은 제가 잘했든 잘못을 했든

내가 한 결과고, 그게 곧 저예요.

스물
처럼

스티브J & 요니P

톱 패션 디자이너

10 ─ 다 잘하려다 인생에 찌들지 말자

다음에 더 잘하면 되니까

런던 유학생 시절 의류 브랜드 '스티브J&요니P' 론칭.
영국 패션위크 데뷔.
한국인 최초로 영국 SPA 브랜드 탑샵Topshop과 협업.
셀프리지, 콜레트 등 런던·파리 유명 백화점을 포함해
13개국 진출.

10여 년 만에 일궈 낸, 누가 봐도 화려한 성공이다.

서울 신사동 SJYP 매장에서 만난
정혁서(이하 '스티브J')와 배승연(이하 '요니P') 디자이너의
첫 인상 역시 강렬했다.

트레이드 마크인 콧수염과 탈색한 머리, 진한 아이라인은 이들의 성공 기저에 '남들과 다른' 특별함이 있을 것이라는 환상을 불러일으키기 충분했다. 화려한 성공에는 반드시 대단한 희생과 재능, 거창한 신념이 따라야 한다는 선입견에서 비롯된 환상 말이다.

그러나 두 사람은 담담하게 입을 모은다. "인생에 거창할 것도, 드라마틱할 것도 없었다"고. 그저 "옷이 좋아 디자이너가 됐고, 하고 싶은 일이니까 '그냥' 꾸준히 한 것"뿐이라고. 거창한 마음가짐 없이도 소소한 도전과 성취를 반복하는 것. 성공의 진리란 본래 이토록 시시한 것일지도 모른다.

스티브J와 요니P의 디자이너 인생을 논하자면 둘의 만남 이야기를 빼놓을 수 없다. 두 사람은 한성대 패션디자인과의 소문난 캠퍼스 커플이었다. 요니P는 학창시절부터 '옷 덕후'로 유명해 망설임 없이 패션학부에 진학했다. 원래 미술을 하고 싶었던 스티브J는 비보이 댄서, 스케이트 보더 등 다양한 꿈을 쫓다 돌고 돌아 패션디자인에 정착했다. 개성이 강한 두 사람에게는 딱 한 가지, '좋아하는 일을 하겠다'는 공통점이 있었다.

요니P   "옷 입는 걸 좋아하다 보니까 다음 날 입을 옷을 머리부터 발끝까지 펼쳐놓고 나서야 잠자리에 들었어요. 대학생 때도 튀는 옷을 많이 입고 다녔죠. 오죽하면 스티브 씨가 창피하니까 다음날 뭘 입을지 미리 알려달라고 한 적도 있어요. 거한(?) 옷 입을 땐 엄마 차라도 가지고 나오겠다고요.(웃음)"

스티브J   "어우, 장난 아니었어요.(웃음) 요니P만큼 디자이너가 천직인 사람이 없어요. 전 그냥 멋있고 재밌어 보이는 걸 좋아했던 것 같아요. 혼자 화구통 메고 그림 그리러 다니고, 비보잉도 하고. 그러다 패션 디자인을 하게 됐거든요. 전 지금도 이렇게 얘기해요. '야, 이거는 종합예술이다.' 패션쇼를 하다 보면 옷은 물론이고 음악도, 무대예술도 중요하니까요. 제가 좋아하는 것들이 다 들어가 있으니까 하고 싶더라고요. 파고들게 되고요."

막연히 '패션디자이너가 되고 싶다'던 각자의 꿈은 두 사람이 만나면서 하나의 확실한 목표로 자리 잡았다. 함께 브랜드를 만들어 디자이너로 성공하는 것. 20여 년이 지난 지금도 배 씨와 정 씨는 부부로서, 동업자로서 이 꿈을 잃지 않고 있다.

스티브J　"20년 동안 둘 다 성격이 거의 안 변했어요. 요니 씨는 지금도 대장부처럼 잘 하는 스타일이고, 저는 옆에서 잘 받들고.(웃음)"

요니P　"하도 오래 만나다 보니 사람들이 종종 놀라워해요. 저희는 이렇게 오래된 줄 몰랐어요. '사랑사랑'하는 느낌보다는 동지애가 강했거든요. 하나의 목표를 가지고 같이 달려나가다 보니까 지금까지 오게 된 거죠."

함께해서 더 파릇파릇했던 캠퍼스 생활이 끝나고, 현실과 맞닥뜨려야 할 20대 중반. 두 사람에게도 갈림길이 찾아왔다. 학교를 먼저 졸업하고 대기업 브랜드의 디자이너로 순탄히 취직한 요니P와 달리, 군대 때문에 뒤늦게 취업전선에 뛰어든 스티브J에겐 예상

2018년 10월 서울 남산에서 열린 스티브J&요니P의 SJYP 19 S/S 컬렉션 패션쇼 현장

치 못한 위기가 닥쳤다.

스티브J "당시 패션 콘테스트에 열심히 참가했었어요. 결과도
좋아 부상으로 대기업에 취업할 기회가 주어졌는데, 인사과
에서 전화가 왔어요. '적록 색약이 있으니 안될 것 같다'고요.
모든 걸 잃은 기분이었죠. '국내에서는 디자이너 되기 쉽지 않
겠구나' 싶어 부랴부랴 준비해서 영국 런던으로 유학을 떠났
어요. 그때는 보이는 게 옷밖에 없었거든요. 다른 선택지는 생
각도 안 해봤죠."

색을 다루는 디자이너로서 치명적일 수 있는 색약 판정, 이로 인한 취업 좌절. 스티브J는 물러서지 않았다. 유학 정보도 변변치 않던 시절, 그는 '가면 잘 될 거야'하는 막연한 희망만 가지고 런던으로 떠났다. 요니P 역시 남자친구의 소식을 듣고는 '내 브랜드 론칭'이라는 꿈을 잡기 위해 결단을 내렸다. 안정적인 직장을 포기하고 함께 유학길에 나서기로 한 것이다.

요니P   "내가 도전하지 않으면 변화는 없을 것이란 생각을 했어요. 그래서 결단력 있게 회사를 그만두기로 결정했고요. 실패하더라도 도전 자체가 가치있을 거라는 믿음이 있었죠. 결과적으론 스티브 씨가 센트럴 세인트 마틴스(편집자 주 : 세계적 권위의 영국 디자인 학교)를 수석으로 졸업했어요. 그때 들었던 평가가 '색감이 좋은 디자이너'였고요."

우여곡절 끝에 런던에서 석사학위를 받은 두 사람은 2007년 자신들의 영어 이름을 딴 브랜드 'SteveJ&YoniP'를 론칭했다. 시작은 순탄했다. 독특하고 실험적인 의상으로 런던 패션위크에 데뷔하면서 업계의 주목을 한 몸에 받은 것이다. 영국 언론은 창의적인 한국인 디자이너 커플의 탄생에 관심을 쏟았다. 그러나 화려한 스포트라이트도 잠시. 이들은 곧 생활고에 시달려야 했다. 정작 옷을 사겠다는 사람들이 나타나지 않았기 때문이었다.

요니P "브랜드를 접을 생각까지 했어요. 독특한 콘셉트 위주로 보여주기식 패션쇼를 하다 보니까 판매가 안 됐거든요. 쇼에서 우리의 창의력을 보여줘야겠다고 전전긍긍하면서 돈을 쓰는데 수입은 없는 거죠. 재정적으로 힘들어지면서 점점 느낀 게, 옷 이란 창의력도 중요하지만 결국에는 사람들이 입는 것도 중요 하다. 옷이랑 같이 나이 먹으면서 철이 든 것 같아요."

단순히 디자인만 고집하던 옷에서 사람들이 입고 싶어하는 옷으로. 거칠고 서툴렀던 '스티브J&요니P'의 브랜드 콘셉트가 점점 무르익어가면서 사업도 탄력을 받았다. 중국, 일본 등 아시아 의류 편집숍에서 주문이 들어오고, 생산·판매 시스템이 갖춰지면서 진정한 비즈니스가 시작된 것이다.

하지만 두 사람은 말한다. 지금의 '스티브J&요니P'를 만든 가장 큰 원동력은 사업 감각이 아닌 디자인에 대한 순수한 열정을 잃지 않으려는 노력, 즉 '찌들지 말자'는 마음가짐이었다고.

스티브J "'옷을 만들다가 옷에 찌든다'고 표현해야 할까요? 주위 디자이너들 보면 판매, 유통 등 너무 많은 걸 생각해야 하다 보니까 찌드는 느낌이 있어요. 저희도 스스로 그게 느껴지는 순간 싫더라고요. 옷이 즐겁고 좋아서 시작한 일인데 너무 잘하려고만 하다 보면 지나친 스트레스를 받게 되니까."

요니P "패션쇼도 그렇고, 디자인도 그렇고 항상 사람들의 판단을 받잖아요. 물론 중요한 피드백이지만 거기에 너무 스트레스를 받기 시작하면 이 일을 오래 못하겠더라고요. 평생 해야 할 일인데. 그래서 안 좋은 얘기를 들으면 '다음에 더 잘하면 되지'라고 긍정적으로 생각을 많이 하려는 편이에요. 옷을 대하는 자세가 많이 편해지고 성숙해졌죠."

두 사람이 체감하는 '스티브J&요니P'의 성장 곡선은 자잘하지만 꾸준한 계단형이다. 드라마틱한 순간은 없었다. 그저 옷을 직접 짊어지고 해외 수주 박람회를 다니며 조금씩 꾸준히 바이어와 구매대행사를 늘렸다. 영국과 프랑스, 한국의 주요 백화점에도 하나씩 문을 두드리며 브랜드 파워를 키워나갔다.

요니P　"저희 아이디어의 근원은 '대화' 같아요. 어딜 가든 서로 대화를 많이 하거든요. 대화 속에서 다음 컬렉션 주제가 나올 때도 있고, 사업 방향이 나올 수도 있죠. 그게 저희의 성장 원동력인 것 같다는 생각을 많이 해요."

스티브J　"정말 소소했어요. 둘이서 '이번에는 1억 원어치 수주를 받아오자' 같은 허황된 얘기를 나누면서 해외 박람회 나가고. 되지도 않을 일이었는데 사흘째 되면 풀 죽어 있고.(웃음)"

요니P　"구체적인 꿈을 꾸면서 작게 한 계단씩 쌓아 올렸죠. 런던에서 탑샵 지나면서 '여기를 뚫자', 셀프리지 백화점 앞에서 '우리 옷 행거 하나에 걸자' 그런 게 꿈이었거든요. 셀프리지 백화점을 뚫은 건 2년 정도 됐는데요. 1층 큰 윈도우에 SJYP라는 이름으로 옷이 걸렸을 때 정말 기쁘더라고요."

디자이너로서 그리고 사업가로서 이룬 많은 성취 가운데 이들에게 가장 큰 만족감을 주는 것은 무엇일까. 경제적 보상이나 명예, 보람 같은 거창한 말 대신 '지금 살아남아 있는 것'이라는 지극히 현실적인 대답이 돌아왔다.

스티브J　"그냥 계속 해오던 일이라서. 거창한 건 잘 모르겠고요. (웃음) 가장 성취감을 느끼는 부분은 브랜드가 아직까지는 매년 성장을 해왔다는 거예요. 다루는 카테고리가 넓어진다든지, 직원이 한두 명 많아지는 것들이 다 성장이잖아요. 작은 성장을 이어왔고 아직까지 살아있다는 것. '아직 우리 브랜드 죽진 않았지?' 이런 대화를 서로 많이 해요.(웃음)"

요니P　"패션쇼가 끝나면 사람들이 거창한 걸 했다고 생각하고 저희도 그럴 줄 알았거든요. 그런데 집에 가면 '라면이나 먹고 자자' 하는 경우가 많았어요.(웃음) 그럴 때마다 드는 생각은, 그럼에도 결국 우리의 삶은 계속되는 거고, 인생에 굉장히 특별한 것도 없지만 굉장히 낙담할 것도 없다는 거죠. 늘 이렇게 지내고 있어요."

자기소개 부탁드립니다.

스티브J   SJYP 브랜드 디렉팅을 하고 있는 디자이너 스티브 정이
고요.

요니P   디자이너 요니P입니다.

두 분의 역할이 나뉘어 있나요.

요니P   아니요. 전반적인 디자인부터 콘셉트를 잡는 것, 브랜드
운영에 필요한 전반적인 논의를 함께 하고 있어요.

지금 하시는 일은.

스티브J   1년에 두 번씩 패션쇼를 진행하고요. 기본적으로 디자이
너니까 옷을 매번 디렉팅하고 디자인하는 게 저희의 주요
업무죠.

요니P   유학 생활을 했던 영국 런던에서 저희의 이름을 딴

'SteveJ & YoniP' 브랜드를 만들었어요. 2010년도에 한국에 들어와 (서울 신사동) 가로수길에 조그마한 스튜디오를 얻어 (영국 당시와) 같은 브랜드를 운영했죠. 2015년 SJYP라는 동생 브랜드를 론칭했다가 지금은 두 브랜드가 자연스럽게 (SJYP로) 합쳐졌어요.

과거 실험적인 스타일의 옷 제작으로 유명했습니다.

스티브J   'SteveJ & YoniP'가 처음엔 조그마한 브랜드였거든요. 직원도 몇 안 되고. 그런 브랜드를 세상 밖으로 노출시키기 위해선 당장의 옷 판매보단 콘셉트를 강하게 해 저희 브랜드가 뭔지 보여줘야겠다는 생각을 했어요. 지금은 상업성을 갖춘 옷과 어느 정도 밸런스를 맞추며 쇼를 진행하고 있죠.

요니P   저희도 나이를 먹으면서 옷이랑 함께 철이 든 것 같아요. 저희가 런던에서 시작했잖아요. 만약 처음부터 너무 상업적으로 시작했다면 디자이너로서 각광받진 못했을 것이에요. 런던은 크리에이티브한 디자이너들이 워낙 많아요. 런던 패션위크는 누가 더 크리에이티브한가를 경연하는 무대죠. 당시는 저희도 갓 졸업한 학생이었으니까 어떻게 하면 조금이라도 우리의 창의력을 보여줄 수 있을까 전전 긍긍했던 것 같아요. 그때는 제가 입을 수 있는 옷보단 모델이 입었을 때, 아니면 무대 위에서 화려하고, 사진에 잘 받는 옷들 위주로 생각을 많이 했어요.

(그런 방식으로) 인기는 많아졌죠. 그런데 정작 저희 옷을 사진 않는 거예요. 재정적으로 힘들어지면서 저희가 느낀 게 '창의력도 중요하지만 결국 옷이란 사람이 입어야 하는 것이구나' 라는 것이었죠. 그 후부턴 '내가 뭘 입고 싶지?' 혹은 저희에게 영감을 주는 주변 친구들이 뭘 입고 싶은지를 고민하기 시작하면서 저나 친구들이 즐길 수 있는 웨어러블^{wearable}한 옷으로 변화한 것 같아요.

스티브J 옷으로는 좀 더 착하게 간다고 치면, 장소나 음악적인 부분들은 좀 더 아티스틱하게 표현하는 방식으로 저희의 에너지를 발산하는 무대 장치를 기획하죠.

옷이랑 함께 철이 들었다고 하셨는데,
옷을 대하는 생각이나 자세가 바뀐 건가요.

스티브J 옷을 디자인할 때나 쇼를 할 때나 예전부터 했던 말이 '찌들지 말자' 였어요. 디자이너로서의 저희 모토거든요.

요니P 맞다. 그 얘기를 하고 싶었는데. 크, 역시.(웃음) 저희가 런던을 떠날 즈음 주위 디자이너를 보니까 옷에 약간 찌든다는 느낌이 있었어요. 좋아서 시작한 옷인데, 디자이너가 판매 등 너무 많은 걸 생각하다 보니까. 저희도 스스로 그게 느껴지는 순간 너무 싫더라고요. 저희가 즐겁고 좋아서 시작한 일인데, 이걸로 지나치게 스트레스를 받게 되니까. 그렇게 하지 말자고 생각해서 요새는 옷을 임하는 자세가 편안해진 것 같아요.

스티브J 패션쇼도 그렇고 옷도 그렇고 저희는 항상 사람들의 판단을 받잖아요. 굉장히 소중한 피드백이지만 거기에 너무 스트레스를 받으면 저희가 평생 해야 할 일인데, 못할 것 같다는 생각이 들었어요. 그래서 부정적인 피드백이 오면 '다음에 더 잘하면 되지'라는 식으로 생각을 많이 하려는 편이고. 둘이 같이 있다 보니까 긍정적인 에너지가 많이 생겨서 그런지 마음이 편해지고 성숙해진 것 같아요.

어린 시절이 궁금합니다.

스티브J 처음부터 옷에 관심이 있었던 건 아니고요. 어렸을 땐 그림을 그리고 싶었어요. 그쪽으로 대학 진학까지 준비했었는데, 개인적인 문제가 생겨 (미대 가는 게) 어려워졌죠. 비슷한 과를 찾다가 패션과를 지원하게 됐죠. 1학년 땐 학업에 전념 안 하고 (주변을) 빙빙 돌았어요. 댄서가 되고 싶어서 비보잉도 하고. 군대 다녀와서 디자인 쪽으로 집중하다 보니 재미가 느껴져서 시작한 케이스예요.

요니P   저는 어렸을 때부터 옷 입는 걸 좋아했어요. 처음부터 디자이너가 되고 싶다는 생각을 했고요. 대학교 때도 굉장히 튀는 옷을 많이 입고 다녔고. 저희가 대학교 캠퍼스 커플이었거든요. 오죽하면 (당시에) 스티브 씨가 저에게 '눈에 튀어서 창피하니 다음날 뭘 입을지 알려달라'고 할 정도였으니까요.

스티브J   어우 장난 아니었어요.(웃음)

그럼 요니P는 어려서부터 디자이너가 꿈이었나요.

요니P   중·고등학교 때까지는 미래에 대해서 생각 자체를 안 했던 것 같고요.(웃음) 그때그때 공부하고 친구들과 놀고, 그러다가 시험날 다가오면 바짝 신경 쓰고. 고3 진로 결정을 할 때부터 '뭘 할까'를 생각했던 것 같고, 그때 의상학과를 가야겠다고 결정했죠.

스티브J   제가 봤을 때 (요니P는) 디자이너로 선택을 잘 했어요. 예전에 학교 다닐 때부터 전날 밤에 다음날 입을 옷을 머리부터 발끝까지 바닥에 펼쳐놓을 정도였죠. 지금까지도 그렇고. 일상에서 (옷에 대한) 관심도가 '와! 넌 디자이너가 천직이다'라고 할 정도니까요.

두 분 처음 만났을 때가 궁금합니다.

스티브J 요니P가 있잖아요. 주변에 사람이 몰려요. 당시에 과 부대표를 했었는데 항상 사람에 둘러 쌓여있고, 웃음소리가 끊이질 않았죠.

요니P 반면 스티브 씨는…

스티브J 아! 저 안에 들어가고 싶다.(웃음)

요니P 제가 햇볕 같아 보였대요. 그 안으로 자기도 들어오고 싶었대요. 제가 친구들과 우르르 몰려다니는 타입이었다면 스티브 씨는 교실 끝에 조용히 앉아 있는 학생 타입 있잖아요. 뭔가 아티스트 같아 보이기도 하고, 정적으로 보이기도 하고. 스티브 씨는 저의 밝음 안으로 들어오고 싶다고 그랬는데, 반대로 저는 스티브 씨가 계속 신경이 쓰이면서···.

스티브J 신경이 쓰였다고? (웃음)

요니P 궁금해했던 것 같아요. '저 친구는 뭐지?' 할 정도로 매력 있어 보이고.

함께 사는 지금도 비슷한가요.

스티브J 성격은 거의 안 변했어요. (요니P는) 지금도 대장부처럼 잘하는 스타일이고, 저는 옆에서 잘 받드는 스타일이고.(웃음)

요니P　　저희가 이렇게 오래 만나고 있는 걸 사람들이 놀라워하는 데요. 사실 저희는 만나면서 1년, 2년 세지 않았어요. 이렇게 오래된 걸 몰랐어요. 목표점이 똑같다 보니까 '사랑사랑'하는 느낌보다 '동지애'가 강했어요. '같이 브랜드를 만들어 디자이너로 성공하자.' 이 하나의 목표를 가지고 같이 달려나가다 보니 지금까지 온 거죠.

대학 졸업 후 잠깐 둘의 길이 갈렸다고요.

스티브J　　저희가 같은 학번인데 제가 군대를 다녀오는 동안 요니P가 사회에 먼저 진출한 거죠. 그런데 군대 제대 후 제게 문제가 생겼어요. 직장을 잡기 위해 당시 콘테스트에 열심히 참여했거든요. 한 콘테스트에서 좋은 결과가 나서 대기업에 취업할 수 있는 기회가 주어졌죠. 그런데 (해당 기업) 인사과에서 '넌 색약이 있어 취업이 안 될 것 같다'고 얘기를 하더군요. 색약 때문에 디자이너가 될 수 없을 것이라곤 생각도 안 하고 있었는데 그 얘기를 들으니 갑자기 모든 걸 잃은 것 같더라고요. '국내에선 취직하기 쉽지 않겠구나' 하는 생각이 들어 그때부터 부랴부랴 유학 준비를 했어요. 요니P는 대기업을 다니고 있었고요.

요니P　　스티브 씨가 생각지도 못한 일로 좌절하면서 유학을 결정했을 때 옆에서 지켜보면서 너무 안타깝더군요. 저 역시 제 브랜드를 하고 싶다는 생각을 하던 차여서 '그럼 같이 유학을 가서 우리 브랜드를 론칭하자'고 했죠. 스티브 씨가 먼저 가서 정리를 해놓겠다고 해 1년 먼저 떠나고 저도 뒤이어 같이 런던으로 갔어요.

요니P는 안정된 직장을 버려야 하는 상황이었고, 스티브J는 좌절을 겪었는데요. 꿈을 쫓겠다고 결심할 수 있었던 원동력이 있다면.

요니P 그때도 전 평이하게 사는 게 부럽지 않았어요. 도전해 보지 않으면 변화는 없을 것이라는 생각이 들었고. 실패하더라도 도전하는 게 굉장히 가치 있을 것이란 믿음은 있었어요. 그래서 결단력 있게 유학을 결정했고요. 브랜드를 할 때도 그렇고 항상 저희는 뭔가를 밀어붙일 때 '결국 우리가 도전하지 않으면 변화는 없다'는 생각은 있어요.

스티브J 당시엔 외국 나가면 어떻게 하면 된다는 구체적인 정보가 없었어요. 선배에게 얘기 듣는 정도가 다였죠. '가면 뭔가 되겠지'하는 막연한 생각이었는데 그게 나름대로 희망이었어요. 아무것도 모르니까. '가면 좋은 일이 있을 거야.' 자기 최면을 걸었죠. 저희가 좋은 점 중 하나가 좀 긍정적이거든요. 미래에 대해서. 한국에 있을 때처럼 정말 열심히 했어요. 패션 공부도, 사회 공부도. '이렇게 열심히 하면 어디 가서도 잘 될 거야' 하는 생각으로 한 거죠.

요니P   스티브 씨가 한국에서 색맹 때문에 입사가 안 된 케이스잖아요. 아이러니한 게 센트럴세인트마틴스에서 남성복 우승자로 졸업했거든요. 그때 들었던 평가가 '색감이 좋은 디자이너'였어요. 색약으로 사람을 규정하는 것이 의미가 있을까 하는 생각이 들었죠.

색약 때문에 디자이너의 길을 포기했다면 굉장히 아쉬웠을 것 같아요.

스티브J   저에게 보이는 게 옷밖에 없어서 다른 걸 생각조차 안 했던 것 같아요. 패션 쪽에도 다양한 직업이 있잖아요. 디자이너, 에디터, 스타일리스트 등 여러 장르가 있긴 한데, 그때 제가 할 줄 아는 건 이것뿐이어서. 다른 걸 볼 수 없었던 게 오히려 장점이었죠, 당시엔.

후회한 적은 없었나요.

요니P   물론 잘 안 풀리고 힘들고, 스트레스받고, 이런 게 없는 사람은 없을 거예요. 저희도 그렇죠. 그래도 도전했던 것에 후회는 없어요. 뭔가 배우긴 했으니까.

스티브J   다행히 '이걸 하지 않았으면 좋았을걸' 하는 것들은 많이 없었어요. 물론 실패는 많았죠. 저희가 항상 좋은 것, 잘된 것만 보여주지만 한번 성공을 위해 열 번 실패했던 게 흔하거든요. 어쨌든 결과적으로 좋은 쪽으로 만들어가고 있기 때문에 후회는 거의 없어요.

지금의 성공이 가능했던 건 무엇 때문인가요. 재능? 노력? 신념?

스티브J 저희가 처음 할 당시엔 해외 세일즈를 어떻게 하는지에 대한 노하우 자체가 없었어요. 하는 분들도 거의 없었고. 저희는 무식한 방법이긴 한데, 흔히 유학생 가방이라고 불리는 큰 가방에 옷 꾸러미를 넣고선 유로스타를 타고 다니며 해외 수주쇼에 참가했어요. 그렇게 해서 어렵게 바이어들을 몇 명 모았죠. 그런 식으로 2~3년간 정말 많은 노력을 했어요. 처음엔 발로 뛴 게 큰 도움이 됐고, 아마 그게 아니었으면 못 했을 것 같아요. 시작 자체가 없었을 것 같아요.

발로 열심히 뛸 수 있는 힘은 어디서 왔나요.

요니P 꿈이 확고했던 것 같아요. 저희가 뭘 할지 스스로 헷갈려 했다면 좌절도 쉽게 하고, 다른 것도 많이 두드려 봤을 텐데. 지금도 그렇지만 그때는 저희가 '디자이너가 돼야겠다', '자기 브랜드를 운영해야겠다'는 꿈이 굉장히 확고했기 때문에 조금 힘들어도 밀어붙일 수 있었어요. 그래서 (지금까지) 올 수 있었던 것 같아요.

당시에 세워둔 목표가 있었나요.

요니P 저는 목표를 정할 때 되게 구체적인 편이에요. 제가 생각했던 목표를 조금씩 이뤄나갈 때마다 기쁨을 느끼거든요. 그래서 '글로벌한 디자이너가 되겠다'는 식으로 생각했던 건 아니에요. 첫 콜렉션을 발표했을 땐 '탑샵을 뚫고 싶다'는 게 꿈이었어요. 그래서 탑샵을 처음 뚫었을 때 너무 기뻤죠. 런던에 셀프리지 백화점이라는 곳이 있어요. 거기 걸려있는 옷을 바라보면서 '야, 우리 옷을 저기 한 행거에 걸고 싶다'는 게 저희의 꿈이었거든요. 그걸 이룬지는 몇 년 안 됐어요. 셀프리지 1층 밖 큰 창문에 SJYP라는 이름으로 저희 옷이 걸렸을 때 정말 기쁘더라고요. 그런 식으로 구체적인 꿈을 꿨던 것 같아요.

패션디자이너가 평생 직업이라고 깨달았던 순간이 있다면.

스티브J 갑자기 뭔가가 딱 떠올라야 할 것 같은데.(웃음) 사실 계속 저희가 해오던 일이라 드라마틱한 건 잘 모르겠는데요.

요니P　사소한 것 같지만 저희 옷을 입고 가는 사람을 우연히 봤을 때 굉장히 기쁨을 많이 느끼죠. 패션쇼 같은 경우는 6개월을 준비해 발표하고 피날레 가서 인사하는 순간 박수를 받잖아요. 그게 다음 시즌을, 저희가 다시 시작할 수 있는 힘이 되는 것 같고요. 그리고 반대로 웃긴 얘기지만 패션쇼가 끝나면 사람들은 굉장히 거창한 걸 했다고 생각하고, 저희도 그런 줄 알았거든요. 그런데 집에 가서 '피곤하니까 라면이나 먹자' 하면서 둘이 라면 먹고 잘 때도 많았어요, 런던에서도.(웃음) 그럴 때 생각이 드는 건, '그럼에도 불구하고 우리의 삶은 계속되는 것이고, 인생에 특별한 것도 없지만 굉장히 낙담할 것도 없다'는 거죠.

유명 패션디자이너로 자리매김하셨는데, 가장 큰 성취를 이룬 게 있다면.

스티브J　어렸을 때 선배 디자이너가 했던 말이 갑자기 생각나는데요. 그 디자이너에게 '꿈이 뭐냐'고 물었을 때 되게 현실적인 말씀을 해주셔서 깜짝 놀랐어요. 계속 살아남는 게 꿈이라고 그러셨거든요. 저희 역시 가장 큰 성취감을 느끼는 건 브랜드가 계속 성장을 하고 있다는 거죠. 아직도 살아 있다는 것 자체가 저희에게 큰 만족감을 주는 것 같아요.

요니P　아, 멋있는 말이네요.(웃음)

스티브J　그 얘기를 저희끼리 진짜 많이 해요. '우리 브랜드 아직 죽지 않았지?' 이런 얘기들.(웃음) 패션은 트렌드가 계속 바뀌잖아요. 저희를 두고 어느 정도 자리를 잡은 디자이너라고 표현하셨지만, 여전히 챌린지를 받고 있거든요. 트렌드는 바뀌어가고, 사람들의 그 바뀜을 계속 만족시켜드려야 하니까. 그 도전에서 '그래도 우리 아직 죽지 않고 살아있지?' 둘이서 이런 얘기를 하곤 해요.

지금의 나 자신을 만든 건.

스티브J　별로 생각해 본 적이 없는데…. 지금의 저를 만든 거?

요니P　저는 스티브 씨인 것 같아요, 솔직하게.

스티브J　어?

요니P　스티브 씨가 옆에 있어서가 아니라 함께 하지 않았다면 이 자리에 못 왔을 것 같다는 생각을 많이 해요. 혼자였으면 진짜 힘들었을 거예요. 좋은 동반자를 만난 것? 그래서 지금 저희의 브랜드가 있는 게 아닐까 하는 생각을 했어요.

스티브J　아유, 감사합니다.(웃으며 서로 악수)

요니P　진심이네요.(웃음)

패션디자이너라는 직업을 갖기 위해 가장 중요한 능력은 무엇인가요.

스티브J　소소한 걸로 말씀드리면, 처음 제가 옷을 좋아하게 된 계기는 제가 입고 싶은 옷이 시중에 없었기 때문이었어요. 아니면 입고 있는 옷인데, 이걸 조금 변화시켰으면 좋겠다는 생각을 할 때부터 디자이너가 된 것이라고 생각하거든요. 그래서 가위로 자르고 단순히 바느질 몇 번 해서 옷을 수선해 입었을 때, 솔직히 예쁜지는 모르겠는데 저 스스로 만족감을 느낀 순간부터 디자이너를 슬슬 꿈꿨다고 생각해요.

요니P　자기가 뭘 좋아하는지를 정확히 아는 게 기본인 것 같아요. 옷에도 여러 종류가 있잖아요. 그런데 그저 옷을 좋아한다고 너무 뭉뚱그려 말하면 유행에 따라가는 경우가 많거든요. 자기가 어떤 류의 옷을 좋아하는지 정확히 알고 자기가 좋아하는 것을 뚝심 있게 밀고 나가야 브랜드의 성격이나 개성이 생기는 것 같아요.

마지막으로, 스물에게 해주고 싶은 얘기가 있다면.

스티브J　어쨌든 무언가를 성취하려면 불살라야 하더라고요. 어설프게 '살짝 해볼까' 하는 건 재미도 없고, 성취감도 오지 않더라고요. 정말 미친 듯이 빠져드는 것. 제가 얻은 성취감의 모든 게 그랬던 것 같아요. 결과도 그런 게 다 좋게 나왔었어요.

요니P 도전하지 않으면 변화는 없잖아요. 본인이 변화를 하고 빠져들어서 뭔가 노력을 해야 결과를 맛보는 게 생기거든요. 한번 성취감을 맛본 사람들은 더 큰 성취감을 향해 달려나가게 돼 있어요. 그래서 도전을 끊임없이 해보시는 게 좋은 것 같아요.

영상보기 Youtube

 1편

 2편

QR코드를 스캔하면 위 인터뷰를 영상으로 보실 수 있습니다.

당시엔 외국 나가면 어떻게 하면 된다는

구체적인 정보가 없었어요.

'가면 뭔가 되겠지' 하는

막연한 생각이었는데,

그게 나름대로 희망이었어요.

아무것도 모르니까.

'가면 좋은 일이 있을 거야',

자기 최면을 걸었죠.

박병일

국내 1호 자동차정비 명장

11 | 꿈은 버리지 않으면 얻을 것이다

누구에게 가능한 건 내게도 가능하다

"정비사는 자동차를 고치는 의사입니다.
볼트 하나, 핀 하나에 사람의 생명이 달린 거예요.
항상 깨끗한 차림으로 모든 동작에 신중해야 합니다."

정비업계 1호 '명장' 획득, 대통령산업포장·은탑산업훈장 수상 등
대한민국 자동차정비 1인자 박병일 명장이
쌓아 올린 성취의 바탕에는 남다른 장인정신이 깔려 있다.

초등학교만 간신히 졸업하고 생업전선에 뛰어들어야 했던 소년이
장인정신 투철한 한국 최고 기술자가 되기까지.
그의 자동차 인생을 이끌어 온 '박병일표 엔진'은 무엇이었을까.

인천에서 카센터를 운영하던 박 명장
이 처음 세간의 주목을 받은 건 1999년. 자동변속기 차량의 급발진
원인을 분석하고 재연 실험에 성공하면서부터다. 이후 현대자동차
급발진 사고(2016), 독성 메탄올 워셔액 사건(2016), BMW 화재 사
건(2018) 등 굵직한 차량 이슈가 터질 때마다 수준 높은 전문가 의
견을 제시해 '자동차 해결사'로서의 입지를 굳혀왔다.

　　1980년대 중반부터 이미 박 명장은 정비업계에선 유명인사였다.
전자 제어식 자동차가 출시됐던 당시, 아무도 못 고치는 고급차를
인천에 가면 고칠 수 있다는 소문이 퍼진 것이다. 1971년부터 정비
일을 시작한 그가 '1인자' 소리를 듣게 되기까지 꼭 15년이라는 시
간이 걸렸다.

　　"제가 똑똑해서 이렇게 될 수 있었을까요? 아뇨. 저는 자동차
　　학과를 나오지 않았어요. 열네 살에 중학교를 중퇴했으니까.
　　남보다 모자란 게 너무 많았죠. 30~40년 경력자들을 뛰어넘
　　어 이곳에서 살아남으려면 '나만의 무기'를 만들어야만 했어
　　요. 그게 '4차원 정비' 개념이죠."

　　박 명장은 정비 기술을 네 가지 차원으로 나눈다. 1차원 정비는
눈으로 보고 자동차의 상태를 알 수 있는 기술, 2차원 정비는 소리

만 듣고 차를 고칠 수 있는 기술을 뜻한다. 80년대 후반까지 차량 정비 기술은 이 정도 수준에 머물러 있었다.

"3차원 정비는 모든 것을 데이터화 시키는 기술이에요. 예를 들어 타이어 상태를 보고 얼마나 더 탈 수 있느냐 물으면 정비사마다 진단하는 게 달라요. 데이터가 없는 거죠. 그래서 저는 '아스팔트 도로에서 1만 km를 타면 1mm가 마모되더라' 같은 데이터를 모으기 시작했고요. 이런 건 어떤 책에도 나와 있질 않아요. 4차원 정비는 보쉬·지멘스·멜코 같은 각 차량

'자동차 1인자'가 전하는 셀프 타이어 점검 꿀팁. 백 원 동전을 타이어 홈에 넣어 '백'자가 보이면 타이어가 마모돼 당장 교체해야 한다는 의미, A4용지를 두 번 접어 좁은 면보다 넓게 타이어가 바닥에 닿아 있으면 공기압이 부족하다는 신호다.

시스템에 맞춰 정비할 수 있는 기술이죠. 3차원과 4차원을 넘나들게 되면서 수십 년 경력자들의 벽을 뛰어넘을 수 있게 된 겁니다."

30년이 넘도록 '정비 1인자' 자리를 놓치지 않은 박 명장이지만 그에게도 '열등반' 시절은 존재했다. 급격히 기운 가세 때문에 중학교를 그만두고 버스회사에서 정비 수습공으로 일해야 했던 소년은 기름밥에 쉬이 적응하지 못했다. 기술을 가르치던 스승이 '장사나 하라'며 포기를 종용할 정도였다.

"일을 시작한 지 석 달 만에 기로에 섰어요. 하도 적응을 못 하니까 절 가르치는 기술자가 불을 끄더니 냄새로 오일 종류를 맞혀보라고 하더라고요. 하나도 못 맞혔죠. 이 사람이 그러더군요. '병일아, 내가 기름밥 28년 먹는 동안 너 같은 놈 처음 봤다. 내가 보기에 넌 절대 기술자 못 된다.' 그때부터 회사에서 왕따를 당했어요."

스승의 외면보다 서러웠던 건, 그에게는 이제 돌아갈 곳이 없다는 사실이었다. 집으로도, 학교로도 돌아갈 수 없으니 버스회사에서 버티는, 명장의 말을 빌리면 "개기는" 수밖에 별다른 도리가 없었다.

길을 잃고 방황하던 그때, 인생을 바꿔 줄 명언이 운명처럼 그를 찾아왔다. 23세에 정치에 입문해 30년 만에 미국 대통령이 된 에이브러햄 링컨의 두 문장. '꿈은 버리지 않으면 얻을 것이다. 누군가에게 가능하다면 나에게도 가능하다.'

"읽는 순간 가슴에 딱 들어오더라고요. 이 사람이 30년 걸려 대통령이 됐으니 나도 30년 안에 자동차로 끝을 봐야겠다. '1인자가 되겠다'는 꿈이 생기니까 일이 덜 힘들었어요. 오히려 행복했어요. 친구들은 비웃었죠. '중학교 중퇴자에 기술 수준

미션오일 점검은 엔진을 켜 놓은 상태에서 확인한다.
오일을 찍어 살짝 탄 냄새가 나면 정상, 꼬릿한 발냄새가 나면 교체해야 한다.

이 가장 낮은 회사에서 일하면서 1인자가 되겠다고? 그 꿈 버려. 뜬구름 잡는 소리야.'"

맞는 말이었다. 조건만 따지고 보면 '자동차 1인자'의 목표는 그에게 로또 당첨만큼이나 허황된 꿈이었다. 그래서 이를 더 악물었다. 모자란 학력, 업력 콤플렉스를 극복할 길은 더 큰 세상의 지식을 습득하는 방법뿐이라는 결론을 내렸다. 지천명의 나이까지 이어진 '자동차 공부'가 그렇게 시작됐다.

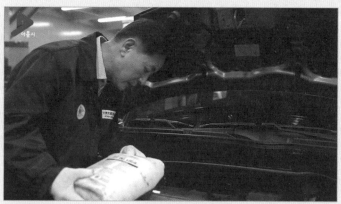

그가 말하는 '행복'이란 돈을 많이 벌고 권력을 쟁취함으로써 얻어지는 것이 아니다. 박 명장은 '다음 날이 기다려지고, 내일의 결과가 기대되는 직업을 갖는 것'이 진정으로 '행복한 인생'이라고 말한다.

"시중에 있는 책이란 책은 모조리 긁어모아 공부를 했어요. 일
하면서 현장 데이터를 쌓는 일도 게을리하지 않았죠. 또 한국
의 기술이 전부가 아니잖아요? 2~3년 돈 열심히 모아 일본
가서 두 달 공부하고 오고, 독일 가서 개인지도 받고. 전 세계
기술력을 견줬을 때 내 스스로가 인정할 수 있는 진정한 기술
자가 되고 싶었어요. 정통 코스를 밟지 않아도 할 수 있다는
걸 보여주겠다는 오기도 있었고요."

'30년 안에 1인자가 되겠다'던 버스회사 수습공은 마침내 2002
년 기술자 최고 명예인 '명장' 타이틀을 따냈다. 꼭 29년 만의 일이
었다. 그러나 박 명장은 꿈을 이룬 후에도 도전을 멈추지 않았다.
'나처럼 배움이 부족한 사람도 벽을 넘을 수 있다'는 사실을 세상
에 증명해 보이고 싶어서다. 에이브러햄 링컨의 인생사가 청년 박
병일에게 보여줬던 것처럼.

"22살부터 자격증을 따기 시작해서 53살에 기술사(최고 등급
의 국가기술자격)를 땄으니까, 30년 동안 책을 안 놓고 끝까지
온 거죠. 기술사 시험을 처음에 세 번 떨어졌거든요. 계속 시
험 보러 다니니까 다들 의아해했어요. 이미 명장까지 됐는데
기술사를 뭐하러 따느냐고. 4년제 대학 나와서 2~3년 고시공

부 해야 붙을 수 있는 시험에 중학교 중퇴자도 붙을 수 있다는 걸 보여주고 싶었던 거예요. 이 벽은 내가 넘어줘야 해. 그래서 끝까지 해서 결국 땄어요. 자동차 자격증 싹쓸이."

그래서 박 명장은 우스갯소리로 스스로를 '자동차 기술의 독립군'이라고 칭한다. 기술자를 낮게 보는 편견과 싸우고 기술직에 뛰어든 젊은이들에게 희망을 던져주고 싶다는 것이다. 그가 법정 공방을 무릅쓰고 자동차 결함 논란에 의견을 보태고, 사고 케이스 연구에 시간과 돈을 아끼지 않는 이유다.

"대기업에서 작정하고 소송을 거는데 저도 두렵죠. 다윗과 골리앗의 싸움, 계란으로 바위치기라고 하잖아요? 하지만 기술 업계에도 고수가 있다는 걸 보여주고 싶었어요. 기술자들 보면 자신감이 떨어지잖아요. 내가 그 자신감을 불어넣어 줘야겠다. 그러다 보니 존경한다는 말도 많이 들어요. 어깨가 무거우면서도 행복합니다. 저는 대한민국에서 가장 행복한 기술자예요."

가난 때문에 어쩔 수 없이 '기름밥'을 먹어야 했던 소년은 이제 우리나라에서 가장 행복한 기술자가 됐다. 다시 과거로 돌아가 인생을 택할 수 있는 기회가 주어진다면 그는 어떤 선택을 할까.

"사실 기술자로 살면서도 다른 기회는 많았어요. 친구가 함께 땅을 사자고 했었는데 장비 산다고 거절했거든요. 그 땅은 값이 어마어마하게 올랐고요. 하지만 후회 안 하죠. 제가 쌓아온 기술과 지식은 누가 뺏어갈 수 없는 거예요. 돈 많다고 존경받는 것도 아니고 지금 느끼는 행복감은 돈으로 환산할 수도 없고요. 저는 죽는 날 아들에게 이렇게 말할 겁니다. '아들아, 내가 이 세상에 태어나서 한 판 멋지게 놀고 간다. 내가 못 논 판은 네가 나중에 놀고 와라.'"

자기소개 부탁드립니다.

자동차 명장 박병일입니다. 1971년부터 시작했으니까 올해로 자동차에 입문한 지 47년(인터뷰 당시는 2018년) 됐네요. 자동차정비에서 1세대는 아니고 2세대 정도 되죠. 저를 가르쳐줬던 사람이 일본사람한테 기술을 배웠는데, 그 기술이 저한테 넘어온 거니까. 속된 말로 '오야붕'한테 배웠는데, 너무 힘들었어요. 처음엔 저를 너무 힘들게 하니까 '이 사람이 나를 괴롭히는구나'라고 생각했는데, 나중에 보니 그 분 덕분에 장인정신이나 기술자가 가져야 할 기본적인 지침 같은 걸 확실히 배웠죠.

제 손을 보면 기름쟁이 손이 아니라고 생각할 수 있어요. (손을 보여주며) 하나도 안 다쳤죠? 나를 처음 보는 사람은 '자동차 수리하는 사람이 맞냐?'라고 얘기하기도 하는데, 그분은 이렇게 얘기했습니다. "기술자가 자동차 잘 고치는 건 당연하다. 다치지 않는 게 기술자지." 그 당시엔 지금처럼 장비가 좋지 않을 때라 다치는 사람들이 많았는데 저는 47년 하면서 한 번도 크게 다치질 않았죠. 그분께 기본적인 것을 힘들게 배웠지만, 소득이 있었던 거지. 그런데 딱 한 번, 그분 떠나고 내가 기술자가 된 다음에 건방을 떤 거죠. 시계를 차고 일을 했는데 전기를 만지다가 합선이 됐어요. 그래서 유일하게 흉터가 하나 생겼습니다. 그 이후부터 저희 직원한테 제일 먼저 가르치는 게 '일 잘 하는 건 잘 고치는 게 아니라 안 다치는 거다'라는 겁니다.

시계 사건이 초심으로 되돌아가게 된 계기가 됐네요.

맞습니다. 예전에 환경이 안 좋았을 때, 차량 리프트도 없어서 차 밑에 기어들어가 일을 해야 했던 시절이기 때문에 몸이 기름투성이였죠. 오죽하면 '기름쟁이'라고 했겠습니까. 그런 시절에 저를 가르쳤던 기술자는 옷에 조금만 기름 묻어도 바로 갈아입고 오라고 했어요. 그때는 다 손빨래를 하던 시절이니까, 나를 또 괴롭히느라고 그러나보다 했죠. 그런데 하루는 그런 얘기를 해요.

"병원에 갔는데 의사가 수술했다고 매일 피 묻히고, 여기저기 너저분한 옷을 입고 있다면 너는 그 의사를 신뢰하겠느냐. 사람을 고치는 건 의사지만, 자동차를 고치는 건 정비사다. 그러니까 정비사도 옷이 깨끗해야 모든 일을 깔끔하고, 완벽하게 할 수 있다. 자동차라는 건 정밀한 기계여서 머리카락 하나 잘못 들어가도 작동을 안

할 수 있다. 작은 실수가 항상 큰일을 만드는 것이다."

그분으로부터 제가 얻은 게 많았죠.

해주신 말씀에서 명장의 장인정신이 느껴집니다.
단순한 기술자와 명장을 가르는 건 뭘까요.

제가 만든 용어인데, 저는 정비를 '1차원', '2차원', '3차원', '4차원 정비'로 분류합니다.

1차원 정비는 눈으로 보고 '이건 찢어졌다', '망가졌다', 그러니까 누구나 알 수 있는 것. 2차원 정비는 소리를 듣고 고치는 거죠. 80년대까지는 이 정도 하면 기술자로 인정했어요. 부품이 2만 개 밖에 안 될 때였으니까. 그런데 지금의 부품은 전자화, 컴퓨터화됐죠. 소리 듣고 고치는 정비론 부족하죠.

3차원 정비는 뭐냐. 의사처럼 데이터화, 모든 것을 수치화시키는 거죠. 예를 들어 한 타이어 상태를 보고 얼마나 더 탈 수 있느냐 물으면 정비사마다 진단하는 게 다 달라요. 데이터가 없는 거죠. 그래서 저는 '아스팔트 도로에서 1만 km를 하면 1mm가 마모되고, 콘크리트 바닥에서 달리면 평균 1.5mm 마모되더라' 같은 데이터를 모으기 시작했어요. 이런 건 어떤 책에도 나와 있지 않죠.

4차원 정비는 시스템 정비라고 하는데, 보쉬냐, 지멘스냐, 멜코냐 등등의 각 차량 시스템에 맞춰 정비할 수 있는 기술이죠. 예를 들어

시동이 꺼진다고 해도 보쉬냐 지멘스냐에 따라 처방이 다르거든요. 그걸 추적하는 게 4차원. 제가 이 3차원과 4차원을 넘나들면서 수십 년 경력자들의 벽을 뛰어넘을 수 있게 된 겁니다.

한 분야에 그렇게 고도화된 경지까지 오르게 된 비결이 뭔가요.
내가 똑똑해서 그렇게 될 수 있었을까요? 그건 아니고. 저는 자동차과를 나오지 않았어요. 열네 살에 중학교를 중퇴했으니까. 남보다 모자란 게 너무 많았죠. 제가 정비 일을 할 당시엔 2차원 기술이었거든요. 소리 듣고 고치는 것. 그런데 그 방법으론 다른 사람들의 30~40년 경력을 이길 수가 없는 거예요. 이들을 뛰어넘어 이곳에서 살아남으려면 '나만의 무기'를 만들어야만 했어요. 그게 '3차원, 4차원' 정비였죠.

자타공인 '자동차정비 1인자'가 되기까지 얼마나 공부를 하신 건가요.
제가 스물두 살부터 자격증을 따기 시작해서 마지막 기술사(최고 등급의 국가기술자격) 자격증을 쉰세 살에 땄으니까 30년 동안 책을 안 놓고 끝까지 온 거죠. 계속 시험을 보러 다니니까 다들 의아해하더군요. 이미 명장이 됐는데 기술사를 뭐하러 따느냐고. 그 시험이 4년제 대학 나와서 2~3년 고시공부 하듯 해야 붙을 수 있는 것이에요. 중퇴자도 이 시험에 붙을 수 있다는 걸 보여주고 싶었던 거예요. '이 벽은 내가 넘어줘야 해.' 그래서 끝까지 해서 결국 땄어요. 우리나라 자동차 자격증 싹쓸이.

그러고 나서도 도전할 게 있더라고요. 내가 이력을 웬만큼 다 채웠는데, 딱 하나 논문을 쓸 일이 없는 거예요. 난 박사학위가 없거든. 언젠가 '멋진 논문 한 편 써야겠다'고 생각했었는데, 고용노동부가 주최하는 공모전이 있더라고요. 거기서 최우수를 먹었지.(웃음)

명장님을 보면 절실함의 힘이 느껴집니다.

꿈은 절실한 만큼 얻는 거예요. 쭉 지나보면서 그걸 알겠더라고. 그런데 누구나 꿈은 있는데, 꿈은 꿈일 뿐이죠. 꿈은 꿈만으로 있어서는 안 돼요. 그래서 꿈보다 중요한 게 뭐냐면 용기예요, 용기.

제가 정비업소 처음 들어갔을 때 석 달 만에 기로에 섭니다. 적응을 못 하니까. 하루는 저를 가르쳐준 기술자가 창고에 데려가요. 불을 딱 껐어요. 엔진오일, 미션오일, 브레이크오일을 냄새만 맡고 맞혀보라고 한 거죠. 하나도 못 맞혔어요. 이 사람이 또 나한테 "입 벌려" 하더니 손가락으로 하나씩 찍어줬어요. 하나도 못 맞혔어요.

이 사람이 불을 딱 켜고 저한테 이렇게 얘기했습니다. "병일아! 내가 기름밥 28년 먹는 동안 너 같은 놈 처음 봤다. 내가 보기엔 넌 절대 기술자가 안 된다. 좋은 기술자는 머리도 있어야 하고, 오감을 사용할 수 있어야 하는데, 너는 눈으로만 보고 할 줄 아니까 너한테 딱 맞는 건 장사다."

난 학교도 중퇴했고, 집안 상황도 안 좋아서 어디 갈 데도 없잖아요. 개겼어요. 그때부터 요샛말로 '왕따'가 됐죠. 그런데 그즈음 방바닥에 굴러다니는 책 하나를 보게 됩니다. 에이브러햄 링컨에 관한 책이었는데, 그 책에 이런 말이 쓰여 있었어요. '꿈은 버리지 않으면 얻을 것이다. 누군가에게 가능하다면 나에게도 가능하다.'

이 두 문장이 제 가슴에 딱 들어왔어요. '링컨이 30년 걸려 대통령이 됐는데 나도 30년 안에 자동차로 끝을 보겠다. 1인자가 되겠다.' 그때부터 이런 꿈 하나를 가지니까 일 하는 데 힘이 덜 들더군요. 오히려 행복했어요. 한 친구가 비웃었죠. '중학교 중퇴에 기술 수준이 가장 낮은 회사에서 일하면서 1인자가 되겠다고? 병일아! 그 꿈 버려라. 너 뜬구름 잡는 거야'라고 하더군요. 그런데 결국 제가 30년 안에 끝냈습니다. 딱 29년 만에 명장이 됐어요.

그 친구와 재미난 일화가 또 있는데, 하루는 '(인천) 검단에 대박 나는 땅이 있는데 같이 사자'라고 하는 거예요. 저는 '노!'하면서 장비를 샀어요. 친목회에 가면 그 친구가 이런 얘기를 합니다. "그때 검단 땅 샀으면 빌딩 짓고 편히 살았을 텐데, 왜 장비를 사 가지고 말이야."

그런데 전 후회 안 합니다. 돈 많다고 존경받는 것도 아니고, 지금 느끼는 행복감은 돈으로 환산할 수 없는 것들이잖아요. 돈이란 건 잠깐 행복한 거고, 언제든 잃어버릴 수 있는 거지만 내가 공부한 건 누가 뺏어갈 수 없는 거예요. 저는 죽는 날 아들에게 이렇게 말할 겁니다. '아들아! 내가 이 세상에 태어나서 한 판 멋지게 놀고 간다. 내가 다 못 논 판은 네가 나중에 놀고 와라.'

마지막으로, 자기에게 맞는 직업을 찾고 있는
이 시대의 스물에게 해주고픈 조언이 있다면.
일단 좋아하는 걸 해야 한다. 그런데 좋아만 하고 잘 못 하면 안 돼요. 좋아하고 잘 해야 해요. 여기서 하나 더! 좋아하고 잘하는데 필요한 걸 해야 해요. 유행이 금방 끝나면 안 된다는 거죠. 또 오래 가야 해요. 저는 직업 선택할 때 이 4가지를 생각하라고 합니다. 좋아하고, 잘 하고, 필요하고, 오래가고.

그런데 좋아하긴 하는데, 당장 못하는 거면 어떻게 해야 할까. 가장 중요한 건 거북이처럼 오래 하면 결국엔 잘 하더라는 거예요. 내가 그런 케이스라고 얘기해줍니다. "나는 처음에 (자동차정비를) 좋아하지도 않았고, 잘 하지도 않았다. 필요한지도 몰랐다. 그냥 오래 했을 뿐이다. 그랬더니 기술자가 되더라"라고 얘기하죠. 그저 끝까지 물고 늘어지면 아무리 능력이 떨어지고 적성이 안 맞더라도 능력자가 될 수밖에 없다는 생각을 합니다. 단 공부를 해야죠.

영 상 보 기 Youtube

QR코드를 스캔하면 위 인터뷰를 영상으로 보실 수 있습니다.

이 두 문장이 제 가슴에 딱 들어왔어요.

'꿈은 버리지 않으면 얻을 것이다.

누군가에게 가능하다면 나에게도 가능하다.'

'링컨이 30년 걸려 대통령이 됐는데

나도 30년 안에 자동차로 끝을 보겠다.

1인자가 되겠다.'

이런 꿈 하나를 가지니까 일하는 데

힘이 덜 들더군요.

스물
처럼

몽 니
최정상 인디밴드

12 ─ 무슨 일을 해도 불안한 건 마찬가지

행복하게 불안한 일을 하자

일약 스타덤에 오를 만한 '대박'은 없었다.

나락으로 떨어질 '위기'도 없었다.

늘 하던 대로 잔잔하고 뭉클하게 팬들의 마음을 사로잡았다.

그래서일까.

이들이 노래하는 세상은 '나의 현실'처럼 느껴지고,

가사는 마치 '내 이야기' 같다.

올해(2019년 기준) 데뷔 15년 차를 맞은 국내 최정상급 인디밴드 '몽니' 얘기다. 몽니는 국내 인디밴드 가운데 손에 꼽을만한 실력과 인지도를 겸비한 팀. <나는 가수다>, <탑밴드2>, <복면가왕> 등 지상파 음악 예능에도 수차례 출연한 바 있는 베테랑 뮤지션이지만 그 시작은 평범하기 그지없었다.

몽니를 만든 리더이자 보컬 김신의 씨는 20대 중반까지 경영을 전공하던 대학생이었고, 베이시스트 이인경 씨는 취미로 베이스를 치던 직장인이었다. 기타리스트 공태우 씨와 드러머 정훈태 씨 역시 남들과 다를 것 없는 학창시절을 보냈다.

'천부적 재능', '운'과는 일견 거리가 있어 보이는 이들이 강산이 변한다는 세월이 훌쩍 넘어서도 인디 정상 자리를 지킬 수 있었던 이유는 무엇일까. 서울 마포구의 한 연습실에서 만난 몽니 멤버들의 공통된 답은 '꾸준한 열정의 힘'이었다.

몽니의 리더 김신의 씨는 어린 시절부터 사업가 아버지로부터 '음악은 취미 생활로 하는 것'이라는 말을 들으며 자랐다. 음악을 좋아했지만, 직업으로 삼아야겠다 생각조차 할 수 없었던 그는 별다른 꿈 없이 경영 대학에 진학했다. 자격증을 따고 취업을 준비하는 영혼 없는 생활이 이어졌다. 목표가 없었기에 대학 시절 내내 진로에 대한 고민이 그를 괴롭혔다.

김신의 "학교를 다니면서 '이건 진짜 아닌 것 같다'는 생각을 많이 했어요. 3학년 되던 해에 결단을 내렸죠. '내가 좋아하는 음악을 해야겠다.' 그날로 학교를 그만두고 무작정 기타를 배울 수 있는 곳을 찾아갔죠. 두려움은 없었어요. 내가 좋아하는 것, 잘할 수 있는 것에 승부를 걸겠다 마음먹었거든요. '음악으로 자리잡을 수 있을까' 걱정도 안 했어요. '될까?'가 아니고 '된다!'"

밴드가 오래 가려면 지혜로운 리더의 역할이 필수다.
김신의 씨는 자신의 리더십을 멤버들이 잘 따라준 게 장수비결이라고 밝혔다.

비슷한 시기, 베이시스트 인경 씨 역시 김 씨와 같은 고민을 하고 있었다. 대학을 졸업하자마자 취업에 성공했지만 직장 생활은 괴로움의 연속이었다. 퇴근 후 취미로 베이시스트 활동을 하던 게 인생의 유일한 낙이었다.

이인경 　"취업이 어려운 시대잖아요. 힘들어도 꾸역꾸역 다니고 있었는데 마침 신의 오빠에게 연락이 온 거예요. 처음에는 상상만 했어요. 내가 좋아하는 일 하면서 돈이 생기는 거잖아요. '진짜 행복하겠다.' '그렇게만 되면 소원이 없겠다.' 그러다 점

술 많이 마시고 일탈을 일삼는 락밴드에 대한 이미지가 싫다는 이인경 씨.
술을 즐기지 않고 '건강한 정신'을 추구하는 몽니 멤버들이 좋다고 했다.

점 상상이 현실이 됐어요. 인생 한 번밖에 없는데 내가 좋아하는 일, 젊었을 때 한 번 해볼까?"

여기에 학창시절부터 꾸준히 기타와 드럼을 치던 공 씨와 정 씨까지 밴드에 합류하면서 지금의 '몽니'가 만들어졌다. '좋아하는 일에 승부를 건' 사람들이 모이자 모든 일은 일사천리로 진행됐다. 2005년 '소나기', '기억' 등이 수록된 첫 앨범을 내자마자 지상파 음악 방송 출연 기회가 온 것이다. 그렇게 몽니는 대중에게 서서히 이름을 알리기 시작했다.

사생결단을 하고 시장에 뛰어들었을지언정, 인디밴드가 이름을 알리고 '먹고 살 만'해지기까지는 시간이 필요한 법. 그마저도 '된다'는 확신이 없다면 끊임없이 실패할지도 모른다는 불안감에 시달려야 한다. 많은 음악가 지망생들이 수년 안에 꿈을 포기하고 다른 길을 찾는 이유이기도 하다. 김 씨는 이에 대해 '행복한 불안감'이라는 새 해법을 찾았다.

김신의 　"다른 분야에서 일하는 사람들을 만나봐도 불안하긴 다 마찬가지더라고요. 학창시절부터 그렇잖아요. 좋은 대학 가면 네 인생 다 풀린다. 좋은 대학 가면? 좋은 직장 가면 인

공태우 씨는 군대 전역 바로 다음날 몽니 합주 연습에 참여했다. 그는 "자신을 기다려 주는 멤버들이 있었기에 별 고민 없이 군생활을 마쳤다"고 했다.

생 풀린다. 그렇게 직장을 얻으면 또 언제 잘릴지 모르고. 이왕 불안할 거면 자기가 좋아하는 일 하면서 불안한 게 행복하지 않을까요. 일명 '행복한 불안감'이죠."

공태우   "몽니를 하면서 20대를 보내고 서른이 가까워져 오니까 주변 친구들이 취직하기 시작했거든요. 안정적인 직장에 들어간 친구들이 저를 부러워하더라고요. '너는 좋겠다. 너 하고 싶은 거 하니까' 라면서요. 지금 당장 돈을 못 번다고 해도 내가 좋아하는 일을 하고 있으니까 나에게 '플러스'다 생각해

정훈태 씨는 학창시절 자우림 공연을 보러 가서 친구들에게
'두고봐라. 나도 저기서 공연한다'라고 말했다. 이 호언장담은 몽니를 통해 현실이 됐다.

서 여기까지 오지 않았나 싶어요."

'행복하게 불안한' 길을 선택했다면 이 불안감과 맞서 싸울 차례.
이를 해소하기 위한 방법으로 멤버들은 입을 모아 "계속하는 것"
을 꼽았다. 불안을 핑계로 다른 곳에 눈 돌리지 말고 하던 일을 '계
속' 하다 보니 목표에 가까워지더라는 얘기다.

정훈태　　"저는 20대 초반부터 활동을 하다 보니까 경제적 불안
　　　　감보다는 '내가 몽니를 감당하기에 충분한 사람인가?'라는 고

민을 많이 했어요. 그러면서 든 생각이, 불안할 때마다 제가 열심히 안 살더라고요. 걱정하면서 친구들이랑 술이나 마시고. 그걸 깨달으면서 불안할 때는 연습에 더 집중했어요. 그렇게 열심히 하루하루를 보내니까 신기하게 불안감이 사라지는 거예요. 저 스스로를 인정하게 되니까요. 그냥 내가 하는 일을 열심히 하다 보면 다 해결되더라고요."

불안감이 몰려와도, 힘든 시기가 찾아와도 "계속하는 게 힘"이라고 믿은 덕택일까. 구성원들 간의 불화나 지독한 슬럼프로 수많은 밴드가 생겼다 사라지기를 반복할 동안 몽니는 '건강'하게 밴드 활동을 이어오고 있다. 4집의 정규앨범을 포함해 50곡이 넘는 노래를 발표했고, 단독 콘서트는 매해 매진을 기록 중이다. 여타 톱 뮤지션들도 어려워하는 '꾸준한 열정'의 힘은 어디서 나온 걸까.

김신의 "10년 넘게 음악을 잘 해오고 있지만 분명 저희보다 위에 있는 뮤지션들이 많아요. 그들을 보면서 음악을 하면 항상 '불만족'이겠죠. '나는 실력이 안 되나?' 슬럼프에 빠질 수 있거든요. 왕년에 인기 많던 가수들이 '인기가 사그라지면서 내 가치도 사라지는 느낌이 들어서 힘든 시기를 보냈다'는 얘기를 많이 해요. 그래서 저는 '돈', '인기'에 대해 남과 비교하지 않기로 했어요. 그냥 제 자신에게 부끄럽지 않게만 열심히 하면 되는 거죠. 남을 보면서 음악을 하는 게 아니라 내 삶을 노래하고, 그 안에서 행복과 기쁨을 느끼고. 그렇게 건강한 마음으로 살아가는 게 가장 큰 만족이 아닐까 해요."

좋아하는 일을 하면 '된다'는 확신, 어떤 상황이 와도 '계속' 하는 힘, 꾸준한 열정을 위한 '자기만족 방법론'. 네 명의 멤버와 인터뷰를 하는 내내 이들의 일과 삶에 대한 '건강한 태도'에 놀라움을 금치 못했다. 이토록 치열한 고민이 있었기에 마치 '내 얘기'인 듯 마음을 잡아끄는 몽니만의 음악이 10년 넘게 이어올 수 있었을 테다.

일흔 살이 될 때까지 꾸준히 '몽니' 음악을 하고 싶다는 멤버들에게 문득 궁금한 게 생겼다. '좋아하는 일'에 앞으로의 인생을 통째로 베팅한 이들은 갈림길에 선 청춘들에게 어떤 말을 해주고 싶을까.

정훈태　"살면서 '이 선택할까, 저 선택할까' 많이 고민하게 되잖아요. 저 같은 경우엔 공부와 음악 사이에서 선택해야 했고요. 30대 들어서 생각해보니 어느 쪽을 택하든 틀린 선택은 없는 것 같아요. 그 선택을 맞게 만드는 건 이후 노력의 문제라고 봐요. 선택하는 데 에너지 쏟다가 지치지 말고, 일단 마음 가는 대로 결정하시고 그다음은 본인이 만들어가면 되는 거잖아요. 기회와 가능성은 얼마든지 있는 거니까."

자기소개 부탁드립니다.

김신의   저희는 감성적이고 폭발적인 연주력과 가창력을 소유한
모던록 밴드 '몽니'입니다.(웃음) 저는 노래하고 있는 김신
의입니다.

공태우   저는 기타를 치고 있고요. 간간이 코러스도 하는 공태우
입니다.

이인경   안녕하세요. 베이스를 연주하는 이인경입니다.

정훈태   드럼 치고 있는 정훈태라고 합니다. 반갑습니다.

밴드 '몽니'의 결성 계기가 궁금합니다.

김신의   제가 대학 생활하면서 사실 꿈이 없었어요. 대학 다니는
동안 '과연 내가 뭘 할 수 있을까', '내가 가장 잘할 수 있
는 게 뭘까' 그런 고민만 했던 것 같아요. 그러다가 3학년

때 '음악을 해야겠다'고 결단을 하고 학교를 정리했죠. 무작정 기타를 배울 수 있는 곳을 찾아갔어요. 기타 배우면서 밴드를 만들어야겠다는 생각을 했고, 그렇게 만든 게 밴드 몽니였어요. 사실 제가 음악을 시작한 게 20대 중반이었어요. 그렇게 빠른 나이는 아니었는데, 너무너무 재미있고, 그런 성취감을 (다른 것을 통해선) 느낀 적이 없을 정도였죠. 음악을 하면서 단 한 번도 '그때 다른 걸 해볼걸' 하는 후회를 해본 적이 없어요. '음악으로 자리를 잡을 수 있을까' 하는 걱정도 안 했어요. '될까?'가 아니고, '된다!'

그럼 20대 전엔 음악에 대한 생각이 없으셨던 건가요.

김신의　음악에 대한 관심은 꾸준히 있었어요. 중·고등학생 시절 음악을 들을 때면 그냥 듣는 게 아니고 세분화해서 들었어요. '여기서 이런 게 나왔으면 더 멋있을 텐데' 이런 상상도 하고. 막연하게 '난 나중에 커서 음악을 해야 하는 사람인가보다' 하며 살았죠. 그런데 제가 장남이고, 아버지가 사업가셔서 굉장히 현실적인 분이셨어요. (아버지로부터) "음악은 취미 생활로 해라. 그걸로 살아가려면 힘들거다" 이런 얘기만 듣고 자라서 음악을 직업으로 삼아야겠다는 생각을 과감하게 한 적은 없었죠. 계속 제 마음 속에 '나는 음악인이다. 나는 음악을 해야 하는 사람이다' 그런 막연한 기대만 갖고 살았던 것 같아요.

다른 분들은 음악을 어떻게 시작하게 됐나요.

공태우   중학교 때까지 공부를 열심히 했는데, 친구들 중에 밴드하는 친구들이 있었어요. 그 친구들 집에 놀러 가거나 공연하는 거 따라가면 너무 멋있어 보이는 거예요. 다른 세상 사람들 같고. 그래서 그 친구들이랑 어울리다 보니까 어느새 제가 기타 학원에 다니고 있더라고요.(웃음) 기타에 너무 빠지다 보니까 기타 실력은 느는데 성적이 점점 내려갔죠. 그래서 부모님께 (음악을 하겠다고) 말씀드렸더니 처음에는 극구 반대를 하셨죠. "좋은 대학 먼저 가라. 나중에 음악은 언제든지 할 수 있다"고 하시면서. 아버지께선 너무 답답하셨는지 고1 때 저를 가르치려고 국사책을 펴시더니 제 책상 앞에 앉으시더라고요. 제가 오히려 그 아버지 마음이 너무 답답해서 "저 진짜 음악을 하고 싶습니다"라면서 눈물을 보이며 진정성 있게 말씀을 드렸죠. 그 뒤로는 응원해주겠다고 하더니 공부하라는 말씀을 전혀 안 하시더라고요. "열심히 기타 쳐라. 정말 피나도록 쳐라. 아빠가 뒤에서 응원해줄게." (웃음)

이인경 저는 평범하게 학교 다니고, 졸업하자마자 한 잡지사에 인턴으로 들어가 공연 기획 같은 것을 했어요. 저도 음악을 좋아하던 아이였으니까 그쪽 일을 해본 것이었는데, 회사 다니는 내내 정말 괴로웠고 '여기에 속하면 안 되는 사람이구나' 하는 생각이 들었어요. 그래도 어렵게 취업이 된 것이어서 꿋꿋이 다녔는데 결국 6개월 하고 그만뒀죠.

그 인턴 기간 도중에 신의 오빠에게 연락이 왔어요. 안 그래도 회사에 정을 못 붙이고 있었는데 내가 진짜 하고 싶은 일을 같이 하자는 제안을 받은 거죠. 처음엔 상상만 했어요. 내가 좋아하는 일 하면서 돈이 생기는 거잖아요. '진짜 행복하겠다', '그렇게만 되면 소원이 없겠다.' 그러다가 회사 그만두니까 그런 마음이 생기는 거죠. '인생 한 번밖에 없는데, 젊었을 때 내가 좋아하는 일 한번 해볼까?' 이런 치기 어린 마음 반, 진지한 마음 반으로 몽니를 시작하게 됐어요. 사실 베이스는 취미로 쳤었어요. 전공도 그쪽이 아니고 부모님도 전혀 지원해주실 마음이 없고. 그런데 (베이스 치는 걸) 좋아했어요. 엄청, 엄청 좋아했어요.

정훈태 저는 형들이랑은 좀 다르게 어렸을 때부터 부모님이 '너하고 싶은 거 하면서 살아라.'(웃음) 좀 웃긴 얘긴데 사춘기 시절엔 인기를 끌고 싶잖아요. 그런데 피아노 치는 형들은 별로 인기가 없고 드럼이 인기가 많더라고요. 당시 전 피아노를 치고 있어서 엄마한테 "저 피아노학원 그만두고 드럼 배우고 싶다"고 했더니 "어, 배워"라고.(웃음) 사실 피아노학원에선 칭찬을 별로 못 받았었어요. 되게 무서운 선생님이셨거든요. 그런데 드럼학원에선 저를 막 천재라고 하는 거예요.(웃음) 진도도 쭉쭉 나가고. '아! 이거다' 싶어서 계속 배우다가 (인경) 누나처럼 좋은 타이밍에 신의 형이 저에게 제안을 해주셨어요. 되게 좋은 타이밍에 몽니를 만나서 지금까지 오게 된 것 같아요.

음악으로 성공을 하는 게 어려운데
불안정한 미래에 대한 두려움은 없었나요.

이인경   저는 엄청 많았어요. 왜냐하면, 직장을 조금이라도 다녀봤으니까. (그때와) 너무 다르잖아요. 어떻게 보면 프리랜서 같은 거라서 안정적이지도 않고. 그래서 초반엔 불안감을 가지고 시작했고 그게 스트레스가 될 때도 있었죠. 그런데 그런 불안을 극복할 수 있는 건 연습이랑 꾸준한 활동. 계속 뭔가를 해야지 좌절하지 않고 계속 도전하게 되더라고요. 그저 '불안한데, 다른 거 해볼까' 하면서 눈 돌리는 것보단 계속 활동하고 도전하는 게 답이더라고요.

김신의 다른 분야에서 일하는 사람 만나봤을 때도 다 불안하더라고요. 고등학교 땐 '좋은 대학 가면 네 인생 풀린다', 좋은 대학 가면 '좋은 직장만 가면 네 인생 풀린다', 그런데 막상 좋은 직장 가면 굉장히 치열하고 언제 잘릴지 모르고. 저희 역시 음악을 하면서 계속 발전을 해야 하고 창작의 고통이라는 스트레스도 있지만, 이왕 불안할 거면 행복한 불안함이라고 생각해요. 누구나 불안하다면 자기가 좋아하는 일을 하면서 불안한 게 행복하지 않을까 하는 생각으로 계속 음악을 해나가는 거죠.

공태우 저는 스무 살 초반에 몽니를 시작했는데 그때는 사실 별생각이 없잖아요, 돈을 벌든 안 벌든. 전 그저 좋아서 했던 것 같아요. 그럴 나이였으니까. 그런데 밴드하면서 20대 후반 정도 되니까 안정적인 직장에 들어간 친구들이 '너는 좋겠다. 하고 싶은 거 하니까'라면서 저를 부러워하더라고요. 그런 얘기를 들으면서 '지금 당장 돈을 못 번다고 해도 내가 좋아하는 일을 하는 것이기 때문에 내겐 플러스다' 하는 생각이 들더군요.

정훈태 저는 경제적인 불안감보단 제가 하는 것에 대해 '이게 맞는 건가' 하는 불안감을 계속 가졌던 것 같아요. 스무 살 초반부터 몽니를 시작해서 계속 공연도 하고 앨범을 내면서도 '이게 맞는 걸까', '내가 잘하고 있는 걸까', '이걸 감당하기에 충분한 사람인가' 하는 고민을 되게 많이 했었어요. 그런 걱정을 하면서 친구들이랑 술이나 마시고. 그러면서 생각한 건, 제가 열심히 안 살더라고요. 불안할 때마다 보면 놀고 있고. 그때부터 연습에 집중을 많이 했어요. 신기한 건 연습을 정말 열심히 하고 밤에 연습실을 나올 때 저 스스로를 인정하게 되잖아요. 내가 하고 싶은 테크닉을 완성시키고 나오면, 그걸 사실 세상에 내놔도 아무도 인정을 안 해줄 텐데 제가 봤을 땐 제 스스로 너무 잘 한 거예요. 오늘을 잘 살았고. 그렇게 하루하루를 채우다 보니까 사실 지갑이 두둑해진 것도 아니고 인지도가 크게 상승한 것도 아닌데, 어느 새부턴가 그런 불안감들로부터 자유로워지더라고요.

몽니를 두고 '장수밴드'라고 얘기하는데요. 비결이 뭘까요.

김신의 일단, 리더십이죠. (일동 웃음) 아니, 나라가 건강해지려면 대통령이 카리스마가 있고 지혜로워야 하잖아요. 제가 그렇다는 건 아니고, 어쨌든 이 밴드가 오래가려면 좋은 계획이든 나쁜 계획이든 그걸 추진할 수 있는 리더가 있어야 해요. 리더가 휘둘리면 밴드끼리 싸울 수도 있고, 의견

마찰이 일어나다 보면 떨어져 나갈 수도 있지만, 어쨌든 제가 생각하기에 장수할 수 있었던 비결은 제 계획이 옳았든 그렇지 않든 제가 확실하게 주장을 했고, 그 주장을 (멤버들이) 잘 따라와 준거죠.

이인경 오빠 말이 맞아요. 추진력 있는 리더가 있는 건 모든 밴드에 추천해주고 싶은 거죠. 그리고 보통 와해하거나 멤버가 바뀌는 팀을 보면 뭔가 계기가 있어요. 크게 싸우게 되는 사건이 있거나 쌓이고 쌓였던 게 폭발한다거나. 그런데 저희는 그런 사건을 일으킬 만한 사람도 아니고, 만약 큰일이 있다고 해도 충분히 말이 통하는 사람들이기 때문에. 다들 성격이 너무 좋고, 감싸줄 줄 아는 사람들이거든요. 저는 이것도 되게 큰 거라고 봐요.

김신의 한 가지 더하자면 리더는 술을 너무 좋아하면 안 돼요. 술을 너무 좋아하게 되면 분명히 언젠가 문제로 드러나게 되더라고요. 그 술로 인해서.

이인경 록 밴드에 대한 이미지가 있잖아요? 뭔가 자유롭고, 술도 잘 마실 것 같고…. 저는 그게 되게 싫어요. 그래서 우리 멤버들이 너무 마음에 들어요.

몽니 활동 가운데 가장 자랑스러울 때는 언제인가요.

공태우 　제가 만든 곡이 앨범에 실렸을 때 성취감이 가장 큰 것 같아요. 제 생각과 표현이 들어간 저의 곡을 멤버들이 불러주고, 음원이 앨범에 실리고, 그 곡을 대중이 들어주셨을 때 굉장히 뿌듯합니다.

김신의 　무대에 선다는 것 자체가 굉장히 특별한 순간인 거 같아요. 어떻게 보면 축복이죠. 많은 사람 앞에 선다는 것이 부담스러운 일일 수도 있지만, 결코 흔한 기회가 아니거든요. 저희는 그런 무대를 서고 있으니까 그것 자체가 굉장히 큰 성취감이고 축복이라고 생각합니다.

이인경 　(베이스를 보며) 이 악기가 되게 무거워요. 이걸 메고 한두 시간 연주하다 보면 사람이 힘들거든요. 어깨가 결리고 허리도 아프고. 그런데 이상하게 공연 시작하면 그걸 몰라요. 공연 끝나면 되게 아픈데, 그걸 다 잊어버릴 정도로 무대에서의 성취감이나 보람, 흥분을 느끼는 것 같아요. 그게 제일 좋아요.

정훈태 　제가 고등학생 때 자우림 밴드 콘서트를 갔었어요. 친구들이 장난으로 "야! 넌 절대 저런 데 못 설 거야"라고 하더라고요. 그때 제가 그랬어요. "두고 봐라. 내가 저기서 공연한다"라고. 그런데 몽니를 하고 난 후에 자우림 콘서트의 게스트로 그 경기장에서 무대에 딱 선거예요. 그때 너무너무 기뻤어요.

마지막으로, 하고 싶은 일을 하면서 살고 싶어하는
이 시대의 스물에게 해줄 말이 있다면.

정훈태 　어렸을 적을 생각해보면 이 선택을 할까, 저 선택을 할까 많이 고민했던 것 같아요. '음악할까, 공부할까' 이런 고민을 많이 했었는데, 30대 들어서 생각해보니까 어느 쪽을 선택하든 그른 선택은 없는 것 같아요. 그 선택이 맞느냐 아니냐는 그 후 노력의 문제잖아요. 저는 그 노력보단 선택 자체에 에너지를 많이 쏟아서 이미 지쳤던 것 같아요. 너무 고민하기보단 마음이 가는 대로 결정을 하고, 그 다음은 본인이 만들어가면 되는 거니까. 기회와 가능성은 얼마든지 있는 거니까, 선택이라는 과정에서 너무 많이 힘을 안 뺏기시는 게 좋지 않을까 싶어요.

영 상 보 기 **Youtube**

1편

2편

QR코드를 스캔하면 위 인터뷰를 영상으로 보실 수 있습니다.

어렸을 적을 생각해보면 이 선택을 할까,

저 선택을 할까 많이 고민했던 것 같아요.

30대 들어 생각해보니까

어느 쪽을 선택하든

그른 선택은 없는 것 같아요.

그 선택이 맞느냐 아니냐는

그 후 노력의 문제잖아요.

기회와 가능성은 얼마든지 있는 거니까

선택이라는 과정에서 너무 많이 힘을

뺏기지 않으면 좋겠어요.

스물
처럼

김현정

한국화의 아이돌

13

남들이 가지 말라는 길이 틀린 길은 아니더라

2017년 포브스^{Forbes}가 선정한
'아시아에서 영향력 있는 30세 이하 30인'에 꼽힌
김현정 작가는 최근 국내 화단에서 가장 주목받는 존재다.

대한민국을 살아가는 현대인의
각종 세태를 풍자와 해학으로 풀어낸 그녀의 작품은
'내숭 시리즈', 혹은 '21세기 신풍속도'라는 이름 아래
출품될 때마다 화제를 불러모은다.

SNS에서 수만 명의 팬을 확보하는 등
'한국화의 아이돌'이라는
별명이 붙은 김 작가의 인생 이야기를 살펴봤다.

한복을 입은 젊은 여성이 휴대용 버너에 급히 끓인 라면을 양은냄비 채로 먹고 있다. 그녀의 눈은 명품 백을 향해 있는데, 그 위로 스타벅스 커피가 엎질러 지기 직전이다. 당황한 그녀의 입에서 외마디 탄식 이 흘러나온다.

〈아차〉, 혹은 〈OOps〉

〈아차 我差 / OOps〉, 한지 위에 수묵과 담채, 콜라주, 160×110cm, 2013

〈아차 我差/OOps〉 속 인물과 같은 여성이 이번엔 노 란색 저고리 한복을 입은 채 놀이공원용 범퍼카를 타 고 있다. 근엄한 표정의 그녀가 운전 중인 범퍼카엔 슈 퍼카 람보르기니의 엠블럼이 떡하니 새겨져 있다.

〈내숭: 할부인생〉 한지 위에 수묵과 담채, 콜라주, 159×115cm, 2016

지난 2013년, 당시 만 25살의 김 작가가 연 첫 개인전 '내숭 이야기'는 이틀 만에 출품작 13점이 모두 판매되며 업계 안팎에 돌풍을 일으켰다. 2016년의 '내숭놀이공원' 개인전은 6만 7,402명이 관람해 국내 작가 개인전 사상 최다 관람객이란 기록을 세웠다. 2015년 국립현대미술관 전시에 최연소 작가로 초청됐고, 2016년엔 뉴욕 메트로폴리탄 박물관에서도 초대 개인전을 여는 등 김 작가는 현재 대한민국에서 가장 '핫'한 화가로 손꼽힌다.

세간의 스포트라이트를 처음 받은 김 작가의 작품은 '내숭 시리즈'다. 스스로를 모델로 삼은 자화상이기도 한 그녀의 그림은 고상한 한복을 입은 젊은 여성의 고상하지 않은 일상을 풍자와 해학을 담아 그려낸다.

잠깐 그녀의 다른 작품을 더 들여다보면, 온갖 주전부리의 잔해 옆에 한복을 벗어 던진 채 속치마만 입은 여성이 몸무게를 재는 작품엔 <내숭: 마주한 현실>이라는 제목이 붙어 있다. <내숭: 나를 움직이는 당신>이란 작품에선 그녀가 한복을 입은 채 한 패스트푸드 업체의 배달 오토바이를 몬다. 최근엔 대한민국의 보다 다양한 풍경을 그녀만의 독특한 화풍으로 풀어낸 <21세기 신풍속도>로 그

〈내숭: 마주한 현실〉
한지 위에 수묵과 담채,
콜라주, 120×150cm, 2016

〈내숭: 나를 움직이는 당신〉
한지 위에 수묵과 담채,
콜라주, 130×196cm, 2013

〈21세기 신풍속도: 정초풍정〉
한지 위에 수묵과 담채,
콜라주, 50.5×41.5cm, 2017

소재와 지평이 넓어지긴 했지만, 그녀의 초기 작품 전체를 관통하는 단어는 '내숭'이다.

"'내숭'이 일종의 거짓말이잖아요. 속마음과는 다르게 하는 거짓말. 누구에게 잘 보이고 싶거나 남의 시선이 신경 쓰여서 하는 거짓말인데, 그게 꼭 밉지만은 않아요. 그 속이 다 드러나 보이니까. 이 내숭 시리즈를 비롯해 저의 작품은 제 모습을 그린 것이기돈요. (이를 통해) '나도 이런데, 혹시 너도 그러니?'라는 얘기를 하고 싶었어요. 나아가 '이런 모습을 사랑해야 하지 않을까? 우리는 그럴 수밖에 없는 존재잖아'라는 공감의 메시지를 던짐으로써 유쾌하게 사회를 풀고 싶었어요. 이 각박한 삶 속에서 제 그림을 보실 때만큼은 '어우 웃겨, 발칙해'라고 해주시면 제게 더 행복한 일은 없겠다는 생각이 들어요."

지금은 대한민국을 넘어 세계를 무대로 활동하는 화가로 자리매김했지만 김 작가가 탄탄대로의 길만 걸은 건 물론 아니다. 예술고등학교, 서울대 재학 시절의 극심한 경쟁 속에서 심각한 우울증을 겪었다. 이 마음의 병을 치유하는 과정에서 지금의 화풍이 자리를 잡았다고 김 작가는 말한다.

"어렸을 때부터 미술 공부를 했는데, 굉장히 경쟁이 심했죠. 특히 대학생 시절엔 서로가 서로를 배신하는 일상에서 상처를 많이 받았던 것 같아요. 제 그림의 시작은 이 우울증의 치료 목적이었어요. 처음에 그림의 대상이 된 것도 제가 미워하는 사람이었고요. 그 사람들에게 '제 모델이 돼 달라'고 할 수 없으니, 저를 모델로 삼아서 그린 것 뿐이죠. 그런데, 이 작업을 계속하면서 드는 생각이 '(미워하는) 친구가 나랑 너무 닮아서 미워했던 게 아닐까' 였어요. '그 친구를 미워하는 게 결국 나를 미워하는 거구나. 그럼 사랑을 해줘야겠다'라는 생각을 하게 됐죠. 이런 식으로 인정을 하게 되니까 더 이상 누구를 미워하지 않게 되고 뭔가 더 좋은 점을 찾아내려고 하더라고요. 그렇게 제 그림이 '자화상'이 됐고, '내숭 시리즈'가 탄생하게 됐어요."

김 작가의 그림은 한국화의 '수묵담채'와 서양화의 '콜라주' 기법이 섞여 있다. 전체적으론 수묵 담채 형식으로 그림을 그리되, 한복 부분은 한복 특유의 서걱거리는 느낌을 구현하기 위해 한지를 직접 붙이는(콜라주) 식이다. 이 같은 기법의 특이성보다 더 눈길을 끄는 건 역시나 스토리다. 김 작가가 그림으로 담아낸 우리네 일상은 보는 순간 '픽' 웃음이 나올 정도로 유쾌하고, 발칙하다.

"아이디어는 곳곳에서 나오는데요. 일상에서 '아, 이거 재밌다'라는 것도 있지만 한계가 있죠. 보통은 팀원들과 재미있는 생각이 날 때까지 쥐어짭니다.(웃음) 혹은 '소셜 드로잉social drawing'이라고 제가 조어를 한 건데요. 온라인에서 네티즌 분들과 함께 브레인스토밍을 해 아이디어를 구하기도 하죠."

2011년 대한민국여성미술대전과 세계평화미술대전에서 각각 한구화 부문 금상과 최우수상을 받으며 이름을 알리기 시작한 김 작가. 이후 '10년 뒤 한국을 빛낸 100인'(동아일보), '다름다운 사람들 최우수상'(JTBC), '아시아에서 영향력 있는 30세 이하 30인 Forbes 30 under 30 in Asia'(포브스) 등에 잇따라 입상·선정되며 대한민국에서 가장 잘 나가는 화가 대열에 합류했다.

"정말 많은 상을 받았어요. 그때마다 정말 감사하죠. 그런데 그런 상이 인생을 바꾸진 않는다고 생각해요. 다만 '남들이 하지 말라'는 길을 내가 가고 있는데, 이 길이 틀리지는 않았구나'하는 칭찬으로 받아들이는 정도죠. 그 이상에 대해 우쭐할 필요가 없다고 생각해요."

20대의 나이에 자기가 속한 분야에서 존재감을 드러내는 건 쉬운 일이 아니다. 이 흔하지 않은 일을 해낸 김 작가가 가장 중요한 덕목으로 삼는 건 '성실'이다. 실제 김 작가는 현재도 주 7일 근무로 성실이라는 단어를 온몸으로 실천하는 중이다. 천재적 영감이나 재주 등이 주로 회자되는 예술의 영역에서 성실의 중요성을 강조하는 김 작가의 말은 그래서 새겨들을 만하다.

"그림 그리는 게 쉬운 것이라고 생각하기도 하고요. 또 제가 공장인데, 공장이 가동을 멈춰버리면 수익이 안 나기 때문에 저는 멈출 수 없는 구조를 갖고 있습니다. 저는 천재가 아니기 때문에 게으를 수 없다고 생각해요. 사실 자신을 다듬어나가는 데 주어진 시간은 생각보다 길어요. 이 하루하루를 성실하게 살다 보면 그 시간이 쌓이고 쌓여 자신이 생각한 것보다 더 단단하게 성장할 수 있는 것 같고요."

자기소개 부탁드립니다.

21세기의 풍속도를 그리는 한국 화가 김현정입니다.

'한국화의 아이돌'이란 별명이 있던데.

저의 '내숭 이야기'를 좋아해주시는 분들이 SNS상에서 15만 명 정도 있어요. 가수처럼 화가의 세계에서도 팬덤 문화가 생기는 걸 보고 '아이돌'이란 별명을 붙여 주신 것 같아요. 한국의 아이돌 문화가 얼마나 영향력이 있는지 보면서 자랐는데, 감사할 따름이죠.

그간 아이돌 활동의 화려함에 가려져 있던 그들의 자기관리 능력이 점차 부각되고 있는데, 전 그 점이 무척 맘에 들어요. 본인의 재주가 빛을 발할 수 있도록 최선을 다하는 아이돌처럼 저 역시 작품 활동 뿐 아니라 강연, 콜라보레이션 등 사업 영역도 최선을 다하려 노력하고 있습니다. 그러다 보면 세계적으로 한국화를 알릴 기회가 주어졌을 때 제가 가진 능력치를 제대로 펼쳐 보일 수 있게 되지 않을까요? 그렇게 될 때까지 열심히 해보겠습니다.(웃음)

작품에 대해 여쭙겠습니다.
작품의 주제로 '내숭'이라는 단어를 쓰고 계시는데요.

제가 작업을 시작하게 된 계기나 주제를 감안하면 실은 '내숭'보단 '시선'이란 단어가 더 잘 맞는다고 생각해요. 제가 화가를 꿈꾸는 입장에서 내가 어떤 사람인지 알아야 그림을 그리겠다는 생각이 들어 '과연 김현정은 누구지?'라는 자아성찰을 한 적이 있어요. 그런데 제가 누군지 모르겠는 거예요. 왜냐면 저는 늘 남에게 어떻게 보여질 지를 고민하는 사람이었지, 주체적으로 '나는 어떤 사람이야'라고 규정 내리질 못하더라고요. '내가 이걸 좋아해서 선택했어'라기보단 '이걸 선택하면 다른 사람에게 좋아 보일까?'라고 생각하며 남의 '시선'을 신경쓰는 사람이었던거죠. 그래서 저라는 사람이나 작품을 정의할 때는 '시선'이라는 단어가 맞지 않나 하는 생각이 들었어요. 그런데 작품 주제를 '시선 이야기', '시선 시리즈'라고 하면 무거운 느낌이 있잖아요. 그렇게 되면 제가 그림을 그리고 전시를 하는 목적에 벗어나는 것 같더라고요. 그러다가 (시선과) 비슷한 맥락 중 하나인 '내숭'이란 단어를 쓰면 위트있지 않을까 하는 생각을 하게 됐고. 현재는 내숭이라는 단어를 넘어 '지금을 살아가는 우리네 삶을 담는다'는 의미에서 '21세기 풍속도'라고 소개를 하고 있습니다.

작품을 통해 사회에 던지고 싶은 메시지가 있다면.

'내숭'이 일종의 거짓말이잖아요. 속마음과 다르게 하는 거짓말. 누구에게 잘 보이고 싶거나 남의 시선이 신경 쓰여서 하는 거짓말인데, 그게 꼭 밉지만은 않아요. 그 속이 다 드러나 보이니까. 한복 속을 훤히 다 들여다보이게 그리는 이유도 이 때문이죠. 내숭 시리즈를 비롯해 제 작품은 저의 모습을 그린 건데요. (이를 통해) '나도 이런데, 혹시 너도 그러니?'라는 얘기를 하고 싶었어요. 나아가 '이런 모습을 사랑해야 하지 않을까? 우리는 그럴 수밖에 없는 존재니까'라는 공감의 메시지를 던짐으로써 유쾌하게 사회를 풀고 싶었어요. 이 각박한 삶 속에서 제 그림을 보실 때만큼은 '어우 웃겨, 발칙해'라고 해주시면 더 행복한 일은 없겠다는 생각이 들어요.

'내숭 시리즈'가 작가님의 우울증에서 비롯됐다는 기사를 봤습니다.

어렸을 때부터 미술 공부를 했는데, 굉장히 경쟁이 심한 중·고등학교를 다녔어요. 미대 역시 경쟁이 심했고요. 특히 대학생 시절엔 서로가 서로를 배신하는 일상에서 상처를 많이 받았던 것 같아요. 온 세상이 우울해 보였죠. 매일 약을 먹어야 잠을 잘 수 있었고. 의

사 선생님께서 '네 감정은 어떠니?'라고 물어본 적이 있는데 '깨진 유리 조각이 널브러진 길을 혼자서 맨발로 걸어가고 있는데, 그걸 온갖 사람들이 지켜보고만 있다', '아무도 날 도와주지 않는다', '내가 조롱거리가 된 것 같다'라고 표현을 할 정도였죠. 제 그림의 시작은 이 우울증의 치료 목적이었어요.

(우울증 치료를 위해) 내게 상처를 준 사람을 객관적으로 봐야 하는 순간이 필요했어요. 그래서 처음 그림의 대상이 된 건 제가 미워하는 사람이었죠. 그 사람에게 '제 모델이 돼 달라'고 할 순 없으니 비슷한 또래의 여성인 저를 모델로 삼아 그린 것뿐이고요. 그런데, 이 작업을 계속하면서 드는 생각이 (내가 미워하는) 친구가 나와 너무 닮아서 미워했던 게 아닐까'였어요. '그 친구를 미워하는 게 결국 나를 미워하는 거구나', '그럼 사랑해줘야겠다', '예뻐해줘야겠다'는 생각을 하게 됐죠. 그런 식으로 인정을 하게 되니까 더 이상 누구를 미워하지 않게 되고 뭔가 더 좋은 점을 찾아내려고 하더라고요. 처음엔 내가 싫어하는 사람을 그린 게 자연스럽게 '자화상'이 됐고, 그렇게 '내숭 시리즈'가 탄생하게 됐죠.

작가님 작품은 말씀하신 대로 '재밌다', '발칙하다'는 생각이 듭니다. 그런 상상력은 어디에서 나오나요.

아이디어는 곳곳에서 나오는데요. 제 머리에서 나온 것도 있고, 일상에서 '어, 이거 재밌다!'라는 것도 있지만, 분명 한계가 있어요. 제가 어마어마한 천재도 아니고, 저는 그냥 그림 그리는 걸 좋아하는 사람인 것뿐이거든요. 그래서 보통은 팀원들과 재밌는 생각이 날 때까지 쥐어짭니다.(웃음) 혹은 '소셜 드로잉social drawing'이라고 제가 조어를 한 건데요. 온라인에서 네티즌들과 함께 브레인스토밍을 하죠. 그렇다고 저희가 '아이디어를 주세요!'라고 하진 않고요. 예를 들면 '새해 다짐을 우리 한 번 공유해 봐요'라는 식으로 연말 이벤트를 여는 거죠. 실제로 의견을 물으니 다이어트가 가장 많더라고요. 그래서 다이어트를 소재로 그림을 그렸죠. 저는 '화가는 혼자의 천재다', 이런 건 모르겠어요. 피카소 정도는 그럴 수 있겠지만, 저는 그 정도의 화가가 아니기 때문에 다 같이 만드는 그림이라고 생각하고 작업을 해요.

작가님 이름이 처음 알려진 건 2011년도의 대한민국여성미술대전 입상 때인데요. 이후 '10년 뒤 한국을 빛낼 100인', '아시아에서 영향력 있는 30세 이하 30인'에 선정되는 등 큰 주목을 받고 있습니다.

정말 많은 상을 받았어요. 최근엔 '대한민국 브랜드 대상'에서 상을 주시기도 했는데, 저는 개인을 하나의 브랜드로 봐주셨다는 점에서 재미가 있더라고요. 상을 주실 때마다 매번 감사하죠. 그런데 그런 상이 인생을 바꾸진 않는다고 생각해요. 다만 남들이 '가지 말라'는 길을 내가 가고 있는데, '이 길이 틀리진 않았구나'하는 칭찬으로 받아들이는 정도죠. 그 이상에 대해 우쭐할 필욘 없다고 생각해요.

상이 인생을 바꾸지 않았다면 지금 작가님의 인생을 만든 건 뭘까요.

저를 지지하고 응원해 주는 제 주변 사람들입니다. 어렸을 적부터 저를 흔들림없이 지지해 주셨던 부모님, '김현정아트센터'를 운영할 수 있도록 많은 도움이 돼주고 있는 연구원들, 봉사 활동이나 사회 생활을 하면서 알게 된 고마운 분들, 따뜻한 충고와 조언을 아끼지 않는 수많은 분들이 옆에 계셔서 제가 화가라는 직업을 즐기고 있다고 생각해요. 가끔 힘이 들거나 곤경에 처할 때 물심양면으로 도와주시는 분들에게 저는 어떤 사람일까 궁금해질 때가 있는데요. 그럴 때마다 정말 감사하더라고요. 그 감사함이 저를 돌아보게 하는 힘이 되고, 제 인생을 단단하게 해주는 것 같아요.

예술가의 중요한 달란트로 천재적 영감이나 재주를 꼽는 경우가 많습니다. 반면 작가님은 '성실'을 가장 중요한 덕목으로 여긴다고 들었습니다. 실제 직장인처럼 출퇴근을 한다고요.

네. 저는 주 7일 근무를 하고 있어요.

하루도 안 쉰다고요?

'그림 그리는 게 쉬는 거니까'라고 생각을 할 수도 있고요. 제가 공장인데, 공장이 가동을 멈춰버리면 수익이 안 나기 때문에 저는 멈출 수 없는 구조를 갖고 있습니다. 저는 천재가 아니기 때문에 게으를 수 없다고 생각해요. 사실 자신을 다듬어가는 데 주어진 시간은 생각보다 긴 것 같아요. 하루하루를 성실히 살다보면 그 시간이 쌓이고 쌓여 자신이 생각한 것보다 더 단단하게 성장할 수 있는 것 같고요.

어떤 화가가 되고 싶으신가요.

전 '미술이 사회와 호흡하는 것을 꿈꾼다'라는 명제를 꿈으로 가지고 있어요. 함께 호흡하는 사회를 만들기 위해 제 스스로 호흡하는 그림을 그리고 싶어요. 미술의 장벽을 낮추는, 그래서 '미술이 정말 쉽고 재미있구나'라는 걸 느끼게 해드리고 싶어요. 그런 꿈을 이루기 위해 내가 할 수 있는 건 다 해봐야겠다는 생각으로 삶을 살고 있고요.

그런데 사실 이런 거창한 꿈 말고, 일단 내 주변 사람들과 함께 행복하게 살면 되지 않나 싶어요. 오늘 열심히 살았고, 즐거웠으면 그걸로 됐고. 직원들 월급 안 밀리고 월세 냈으면 됐고. 이런 생각을 하기도 해요. 아직 제가 인생을 논할 수 있는 나이는 아닌 것 같고,

그저 순간순간 최선을 다하고 스스로에게 부끄럽지 않은 사람이 되면 좋겠다는 생각 정도로 살고 있습니다.

스물에게 해주고픈 조언이 있다면

제가 그런 걸 말할 수 있는 위치는 아니라고 생각해요. 다만 저의 큰 장점이 하나 있다고 생각하는데요. 저는 말하는 걸 좋아해서 사람들에게 계속 물어봐요. 다만 제 나름의 규칙이 있는 게, 한 살이라도 많은 사람에게 물어봐요. 초등학생끼리 중학교 가는 법 얘기 해봤자 아무도 모르잖아요. 불평만 나올 뿐. 그런데 중학생에게 물어보면 '이렇게 가는 거야'라는 조언을 들을 수 있어요. 같은 또래끼리 소통을 많이 하는 것도 좋지만 선배, 어른, 선생님들과 얘기를 나누다 보면 다른 걸 얻을 수 있는 것 같아요.

영 상 보 기 **Youtube**

QR코드를 스캔하면 위 인터뷰를 영상으로 보실 수 있습니다.

저는 천재가 아니기 때문에
게으를 수 없다고 생각해요.

사실 자신을 다듬어가는 데 주어진 시간은
생각보다 길어요.

하루하루를 성실히 살다 보면
그 시간이 쌓이고 쌓여
더 단단하게 성장할 수 있는 것 같아요.

스물
처럼

김 동 혁

베테랑 청년 목수

14
—
세상의 편견을 톱질하는 방법

———————

'직업에 귀천은 없다'는 말이 있지만, 좀 솔직해져 보자.
우리 사회에선 여전히 직업으로
'사람의 귀천'을 따지는 편견이 존재한다.

올해(2019년 기준)로 경력 19년이 된 청년 목수 김동혁 씨
역시 이 같은 시선에 상처 입은 사람 가운데 하나다.

다만 그는 목수를 '막노동꾼'으로만 보는
세상의 편견에 좌절하지도, 순응하지도 않았다.

자신의 손으로 편견을 박살내리라 다짐할 뿐이었다.

김동혁 씨는 고급 기술을 가진 베테랑만 소화할 수 있다는 '목수 반장'이다. 아직 30대 중반의 어린 나이지만 남들보다 일찍 연장을 잡은 덕에 벌써 경력 19년 차(2019년 기준)가 됐다. 그가 목수의 길을 택한 건 "순전히 '생존'의 문제" 때문이었다.

"집안 형편이 많이 어려웠어요. 부모님이 이혼하셔서 어머니와 둘이 살았거든요. 어느 날 가장이 된 어머니의 뒷모습이 너무 힘겨워 보이는 거예요. 일을 일찍 시작해야겠다는 생각이 들어서 학교를 자퇴하고 열일곱 살부터 생활 전선에 뛰어들었죠. 배달부터 시작해 불판 닦는 일까지 닥치는 대로 했어요."

청소년 신분이었던 김 씨가 하루종일 일을 해도 손에 쥘 수 있는 돈은 한 달에 몇십만 원 남짓. 끝을 기약할 수 없는 '열정페이'에 지쳐갈 때쯤 그의 머릿속에 40년 넘게 목수 일을 하고 있던 아버지가 떠올랐다. 김 씨는 "'거기 가면 지금보다는 돈을 더 받을 수 있겠지'하는 심정으로 무작정 아버지를 찾아가 목수 일을 시작했다"고 당시를 회상했다.

그렇게 김 씨는 친구들이 교복 입고 등교할 시간에 연장주머니를 차고 출근하는 생활을 시작했다. 그저 '살기 위해' 택했던 목수

사슴 머리 장식을 만들고 있는 김동혁 목수.
스케치를 하고 목재에 본을 뜨는 것으로 작업이 시작됐다.

일이 '천직'임을 깨달은 건 6년 후 그가 군에 입대했을 때다.

"원래 군대 작업이 철재를 이용하는 게 많거든요. 그런데 제가
가면서부터 나무를 많이 쓰기 시작했어요. 복무기간 중 1년은
훈련도 빠져가며 작업을 했어요. 한 번도 시도해보지 않은 것
들이 뚝딱뚝딱 만들어지니까 너무 재밌는 거예요. 선임, 후임
할 것 없이 칭찬과 격려도 많이 해줬고요. '아, 이게 내 직업이
됐구나.' 그때 깨달았죠."

그려둔 선대로 직소기를 이용해 나무를 잘라준다. 모든 조각을 다 자를 때까지 작업을 반복한다.

현재 김 씨의 전문 분야는 내장(인테리어) 목공이다. 카페나 옷 가게, 결혼식장 같은 상업 시설의 천장, 벽면, 가구 인테리어 등의 작업을 하고 있다. 그는 "어느 한 곳 목수의 손길이 닿지 않는 곳이 없다"며 직업에 대한 자부심을 드러냈다.

"당장 영화관만 봐도 계단과 천장, 벽면 방음 시설까지 내장 목수들이 다 공사를 진행한 것들이에요. 심지어 표를 끊어주는 테이블까지 저희가 다 만드는 거니까요. 이런 걸 생각하면 목수는 없어서는 안 될 직업이죠."

나무 조각들을 붙여 실타카로 고정한다. 실타카는 핀이 얇아 표면에 흔적이 남지 않는다.

비록 돈 때문에 시작했던 일이지만 그는 언제부턴가 목수라는 직업 자체를 사랑하게 됐다고 했다. 자기 손으로 뭔가를 '뚝딱' 만들어내는 재미가 다른 무엇과도 바꿀 수 없는 '삶의 의미'를 주고 있다는 것. 김 씨는 "현장 일에 적응할 수만 있다면 목수는 최고의 직업"이라며 엄지를 치켜세웠다.

"남자들 로망 중 하나가 나무로 뭔가를 만들어내는 거거든요. 의뢰인 중에 공사 현장 보러 왔다가 '재밌어 보인다'며 '한번 해보고 싶다'는 말을 건네는 분들이 많아요. 임금도 풍족하고.(웃음) 적게 벌 때는 한 달에 600~700만 원, 많이 벌 때는 1,000만 원 넘게 벌기도 하니까요. 야간 일만 쭉 하면 하루 일당만 해도 100만 원 가까이 되거든요."

학교를 다닌 시간보다 공사 현장에서 보낸 시간이 훨씬 더 길어진 지금. 김 씨에게 가장 힘들었던 때는 언제일까. 육체노동의 피로보다 견디기 힘들었던 게 바로 '사람들의 시선'이라고 그는 말한다.

"'막노동꾼', '3D업종'이라는 꼬리표가 늘 따라다니는 게 더 속상했어요. 특히 저는 어릴 적부터 일을 해서 좋지 않은 시선을 많이 받았고요. 그것 때문에 일에 대한 회의감이 들 때 늘 그런 생각을 했던 것 같아요. '목수에 대한 편견? 그냥 내가 바꾸면 되지.'"

김 씨는 일을 하면서 세상의 편견에 맞설 준비를 차근차근 시작했다. 2016년 '카펜터 그룹'이라는 이름으로 제자들을 양성하고 함께 일감을 수주하는 목수 팀을 만든 것이 그 일환이다.

"재작년부터 목수가 참 좋은 직업이라는 걸 직접 홍보하고 있어요. 톱밥 가루 범벅에 더럽고 찢어진 옷 대신 팀원들끼리 옷

사슴 머리의 표면을 샌딩기로 갈아 모양을 내 준다.

도 깔끔하게 맞춰 입고 현장 정리에도 신경 쓰죠. 화보 촬영도 했어요. '우리 이렇게 멋지게 산다'는 걸 계속 보여주는 거죠. 그렇게 해서 목수 일을 시작하는 친구들이 굉장히 많이 생겼어요. 작년에만 200명 정도 연락이 왔거든요. 이 그룹을 잘 키워서 더 많은 사람을 가르칠 수 있는 목수 학교도 만들고, 교과서도 만들고 싶어요."

그는 은퇴 전까지 '목수 박물관'을 만들겠다는 큰 목표도 세웠다. '내장 목수'에 대한 역사를 정리하고, 이를 후세에 남겨 중요무형문

사포질로 마무리하고 벽에 걸어주면 세 시간만에 사슴 머리 장식 완성

화재로 지정된 '대목장(전통목공기술자)'처럼 목수 역시 인정받는 직업으로 만들겠다는 포부다.

"외국에서는 지하철에서 안전모를 차고 있으면 존경하는 눈으로 바라보거든요. 대법관이 법복 입고 있는 걸 보는 시선이랑 똑같아요. 실제로 배관공처럼 험한 데 들어가서 공사하는 걸 보면 정말 멋진 사람이라는 생각이 들어요. '자기 직업을 얼마나 사랑하면 저렇게까지 할 수 있을까' 싶은 거죠. 제 숨이 붙어있을 때까지는 우리나라의 인식에도 변화가 생기지 않을까요?"

자기소개 부탁드립니다.

안녕하세요. 저는 목수 김동혁입니다. 목수의 종류가 꽤 많은데 그
중 제가 맡고 있는 건 내장목수 인테리어입니다. 카페나 옷매장의 내
부 공사, 가구, 문짝, 벽면, 칸막이 같은 것들을 저희가 작업합니다.

목수 일을 어떻게 시작하게 됐나요.

집안 형편이 많이 어려웠어요. 부모님이 이혼을 하셔서 엄마와 둘
이서만 살았거든요. 어머니의 무거운 어깨, 뒷모습을 지켜보는 게
힘들었어요. 일을 일찍 시작해야겠다는 생각이 들어 학업을 그만
두고 이것저것 알바를 했죠. 안 해본 것 없이 많이 해봤어요. 그때
가 16~17살 때거든요. 내가 앞으로 이런 일들만 계속해야 하는지
에 대한 의구심이 들었던 차에 목수라는 직업이 떠올랐어요. 제 아
버지가 목수를 40년 이상 해온 경력자셨고, 그래서 방학 때가 되

면 아버지 일을 도와드리곤 했었거든요. 그런 경험들이 생각나면서 현장직이 나에게 맞지 않을까 하는 생각도 들었고. 돈도 (다른 알바보다) 더 많이 받을 수 있었고요. 일단 무작정 아버지 찾아가서 일을 배웠죠. 군대 전역 후 1년 정도 될 때까지 아버지 계속 따라다니면서 목수 일을 하다가 독립했죠. 친구와 함께 매장 공사를 한번 한 것을 시작으로 지금까지 왔습니다.

10대 나이에 목수 일이 힘들거나 어렵지 않았나요.

이렇게 말씀드리긴 뭐하지만 배운 게 도둑질이라고, 한번 배워서 뭔가 손에 익고, 기술력이 쌓이다 보니 일하는 재미가 있더라고요. 첨엔 사실 돈 때문에 시작했던 일인데, 언젠가부터 일에 대한 마인드도 생기고, '이 일이 적성에 맞구나' 싶더군요. 힘들거나 어려운 시기도 많았는데 다 극복할 수 있었던 것 같아요. 적성, 재미 하나 때문에.

목수를 평생 직업으로 삼아야겠다는 생각은 언제 했나요.

사실 중간에 다른 일을 해보겠다고 외도를 해본 적도 있어요. 2년 정도 다른 일 했지만, 다시 돌아온 건 목수의 길이었죠. '내 직업은 목수구나' 했던 건 군대 있을 때였어요. 사실 군대는 나무 다루는 작업을 많이 하진 않는 편이에요. 철재를 이용해 뭔가를 만드는 작업이 많죠. 그런데 전 군대에 들어가서 나무로 이것저것 만들어본 거죠. 머리로만 구상해본 것들이 실제 만들어지니까 너무 재밌는 거예요. '아, 이게 내 직업이 됐구나' 하는 생각이 들었죠. 부대의 거의 모든 작업을 제가 했어요. 그때 경험이 많이 쌓인 것 같고, 사회 나왔을 때 자신감도 생겼고. 그저 돈을 벌려고 시작했던 건데, 그게 내 평생 직업이 될 줄은 상상도 못 했죠, 사실은.

(인터뷰 당시) 서른네 살이라는 비교적 젊은 니이임에도 불구하고, 벌써 목수 일을 18년째 하고 있는데요. 후회한 적은 없나요.
우리나라에선 목수를 바라보는 시선들 자체가 '3D 업종이다', '노가다다', '막노동이다' 하는 꼬리표가 붙어 다니다 보니까. 어릴 때부터 그 부분에 대해 속상함이 많아서 조금 더 크고 나선 '그런 인식들을 바꿔나가야겠다'는 생각을 많이 했어요. 그런 일로 회의감이 들 때마다 '내가 바꾸면 되지'라고 생각했죠. 2016년부터 '목수도 참 좋은 직업이다'라는 걸 홍보하고 다니는데, 그렇게 해서 목수 일 시작한 친구들이 굉장히 많이 생겼어요. 한 200명 정도는 저한테 연락해 '어떻게 하면 목수를 할 수 있는지' 물어와서 제가 연결을 시켜드렸죠.

목수에 대한 선입견을 바꿔나가기 위해 달리 하고 있는 일이 있나요.

지금도 길거리 지나가다가 보이는 현장을 보면 환경 자체가 너저분하잖아요. 사람들은 더러운 옷을 입고 있고, 현장엔 먼지와 톱밥가루가 쌓여있고. 이런 모습 자체가 '노가다', '막노동'이란 인식을 더 강화하는 게 있죠. 그래서 저희는 팀원들끼리 옷도 새로 맞춰서 깔끔하게 입고, 스타일도 서로 다 신경 쓰고 나가요. 공사 마치고 현장 정리도 깔끔하게 해놓으려고 하고요. 화보 촬영도 몇 번 했었거든요. 정장을 입기도 하고 재밌는 사진도 연출해 SNS에 올려놓고요. 누구보다 멋지게 산다는 걸 계속 보여주는 거죠.

목수란 직업의 장점을 말씀해주신다면.

우선 임금이 좀… (어깨를 으쓱한 뒤) 풍족하고, 사실 남자들 로망 중 하나가 나무로 뭔가를 만들어내는 거잖아요. 저희가 일반인 있는 곳에서 공사를 하면 '와! 뚝딱 잘 만드시네요', '재밌어 보이네요', '저도 한 번 해보고 싶어요' 이런 말을 많이 하세요. 적성만 잘 맞으면 이걸 따라올 직업은 없다! 최고다!

고임금이 장점이라고 했는데, 목수 일로 돈을 얼마나 버나요.

월평균으로 치면 적게 벌 땐 600만~700만 원. 많이 벌 때는 1,000만 원 조금 넘게 벌기도 하고. 야간 일만 계속해서 하루 일당만 100

만 원 가까이 될 때도 있고요. 하는 것에 따라 들쑥날쑥하죠.

지금의 목수 일을 잘 하기 위한 노력이나 마음가짐이 있다면.

제가 스스로 찾아서 공부를 하기도 하고, 일을 하면서 기술 습득을 하기도 하고요. 그런데 그렇게 할 수 있었던 건 내가 내 직업을 사랑한 게 가장 큰 것 같아요. 내 일에 관심이 가니까 그렇게 싫어했던, 쥐약 같던 공부도 알아서 하게 되더라고요.

저도 제가 무슨 마음가짐으로 일하는지는 모르겠는데요. 그냥 뭔가를 만드는 동안엔 아무 생각이 안 들고, 너무 재밌어서 그냥 하는 거거든요. 남들이 보면 '에이씨! 일하는 게 뭐가 재밌어' 할 수 있는데 진짜 재밌는 거예요, 정말로. 하다못해 벽체를 하나 세워도 재밌고, 그것에 대한 나만의 성취감이 있기 때문에 재밌어요, 그냥.(웃음)

앞으로의 목표는 뭔가요.

가장 마지막 목표는 목수 박물관을 만드는 거예요. 근현대사 목수 박물관. 그걸 제가 최초로 하고 싶어요. 목수에 대한 역사를 남기고 싶은 거예요. 지금 한옥 목수는 인정받는 직업 중 하나잖아요. 대목장이나 인간문화재로 등록되기도 하고. 저희 내장 목수도 그런 역할을 할 수 있는 사람이라는 걸, 그 정도 틀은 제가 만들어놓고 싶어요.

목수의 성지라 불릴 만한 카페 같은 것도 만들고 싶어요. 그 카페로 많은 사람이 모여 학교라는 공간도 형성되고, 작업실 공간도 생기고, 작품 활동도 하고. 많은 사람이 와서 (목수 일을) 배우고 노는 공간을 많이 만들고 싶어요.

마지막으로, 직업에 대한 편견이나 선입견 때문에
힘들어하는 사람들에게 해주고픈 얘기가 있다면.

이 한 마디면 될 것 같아요. 하고 싶은 일 하세요. 하고 싶은 거. 성취감을 느끼고 정말 (내가 그것으로) 즐거울 수 있는. 하고 싶은 일 한다는 게 얼마나 소중한 건지 (사람들이) 잘 모르거든요. 현실적인 일 하며 사는 것보다 차라리 하고 싶은 일 하면서 더 즐겁게 사는 게 낫다는 생각을 하거든요. 그런데 솔직히 이런 생각을 한 적도 있어요. (목수를) 하다 보니 내가 하고 싶은 일이 됐다. 지금 하고 있는 일에 대해 최선을 다하다 보면 그게 언젠가 내 일이 될 것이라는 말도 있고. 전 누가 '뭘 하겠다'고 하면 (그것이 뭐든) 안 말려요. 결국 자기 몫이니까.

영 상 보 기 **Youtube**

하고 싶은 일 하세요.

하고 싶은 거.

하고 싶은 일 한다는 게 얼마나 소중한 건지

(사람들이) 잘 모르거든요.

전 누가 '뭘 하겠다'고 하면 안 말려요.

결국 자기 몫이니까.

스물
처럼

권병호

국내 최고 멀티 악기 연주자

15 — 대체불가능한 존재가 되고 싶다면

넘버원이 아니라 온리원

대체불가능한 존재가 되고 싶다면
'넘버원'이 아닌 '온리원'이 돼라.

'잘하는 것'보다 '달라지는 것'이 더 쉬운 생존법이라고
말하는 남자가 있다.
스스로를 '대체불가' 멀티 악기 연주자라고 소개하는
권병호 아티스트가 그 주인공.

그는 '넘버원' 대신 '온리원'을 택해
세대교체가 빠른 대중음악계에서
대체불가능한 존재로 당당히 자리매김한 인물이다.

'다르기 위해' 끊임없이 노력했던 그의 인생사를 통해
'대체불가능한 존재'로 사는 법을 들여다보자.

권병호 아티스트는 연주자 자체가 희소한 악기 수십 가지를 다룰 수 있는 음악가다. 각종 피리와 하모니카, 아코디언뿐 아니라 허디거디(유럽 중세 악기), 워시보드(빨래판 악기) 등 이름도 생소한 희귀 악기들이 그의 주 종목. 게다가 장르와 국적을 불문하고 모든 음악에 정통한 덕에 방송, 음반, 게임·영화 OST, 심지어 굿판까지 종횡무진 하느라 눈코 뜰 새 없이 바쁜 나날을 보내고 있다.

지금은 자타 공인 '성공한 대중음악가'지만 그의 음악 인생 초반은 별 볼 일 없었다. 클래식 악기를 연주하며 특별할 것 없는 학창 시절을 보냈고, 음악대학은 그런 그를 받아주지 않았다. 그의 표현을 빌리자면 그는 "누가 봐도 음악적으로 망한 사람"이었다.

"저는 재능이 뛰어난 사람이 아니었어요. 오보에를 전공했는데 대학을 다 떨어졌어요. 재수까지 했는데도 안 되더라고요. 어디라도 가야 되겠다고 해서 전문대 실용음악과를 들어갔거든요. 그땐 그 과가 뭐 하는 곳인지도 몰랐어요. 당연히 학교를 대충 다녔죠. 저는 학교에서 배운 게 별로 없어요."

사회로 나가는 첫 발을 헛디딘 그에게 남은 거라곤 '음악'이라는

아홉시

하모니카를 불기 시작한 지 19년째인 2018년, 권병호 아티스트는 하모니카 연주자 세계 최고 영예인 '호너 아티스트'에 선정됐다.

단어 하나뿐이었다. 그는 학창 시절을 고스란히 바쳤던 오보에를 접고 다른 악기를 사 모으기 시작했다. 클래식 음악, 실용 음악이라는 틀에서 벗어나 원하는 소리를 만들고 싶다는 순수한 열망에서 비롯된 취미였다.

"피리처럼 저렴한 악기부터 독학을 시작했어요. 지금 연주하는 모든 악기는 혼자 연습한 거예요. 유튜브도 없던 시절이라 세계적인 연주자들의 음악을 들으면서 똑같이 흉내를 냈죠. 운좋게도 제가 독학에 소질이 있더라고요. 혼자 이것저것 연주

수백 가지의 희귀 악기로 가득 찬 작업실에서 허디거디(왼쪽)와 워시보드(오른쪽)를 연주하고 있는 권 아티스트. 이 가운데 전문적으로 무대에 설 수 있는 악기는 20여 가지. 나머지는 취미로 연주하는 수준이라고.

하다 보면 감이 오는 악기들이 있어요. 그런 것들이 쌓여 수십 가지가 된 거예요.”

그렇게 혼자 방에 처박혀 피리 불고 북 두들기기만 7년. 함께 음악을 시작했던 또래 친구들은 하나둘 데뷔를 마치고 어느덧 베테랑 연주자가 됐지만, 그는 스물여덟 살이 되도록 무대 경험 한 번 해보지 못했다. 이대로 도태될까 조급해질 법도 하건만 그는 천하태평했다. 누구보다 ‘다를’ 자신이 있었기 때문이다.

"한 번도 '나 늦었어, 뒤처졌어'라고 생각해 본 적은 없어요. 잘

하는 게 아니라 달라지는 게 목표였거든요. 모든 악기를 잘 연

주하겠다는 건 위험한 발상이에요. 악기를 하나씩 잘 하는 사

람은 많이 있거든요. 저는 희소성 있는 악기들을 한 세트로 만

들어서 경쟁력을 갖췄죠. 그 상품을 잘 만든 것 같아요."

남들보다 족히 5~6년은 늦은 데뷔였지만 그의 '다름' 전략은 기

막히게 적중했다. 나양한 악기를 연주할 수 있다는 입소문이 나자

마자 여기저기서 앞다퉈 그를 찾기 시작했다. 그의 등장을 가장 반

겼던 건 제3세계 민속 악기에 관심이 많은 가수 하림이었다.

"하림 씨가 '나랑 똑같은 애가 나왔네'라면서 굉장히 좋아하셨

어요. 그분은 여기저기 끌려다니면서 연주하는 걸 싫어하시거

든요. '잘 됐다. 나 놀러 갈 테니까 네가 전화 받아'하고는 자

기 전화기를 꺼놓고 훌쩍 여행을 가 버리더라고요. 그렇게 해

서 SG워너비의 '라라라' 하모니카 연주 등 여러 히트곡 제작

에 참여하게 됐죠.(웃음)"

여기까지가 인생 이야기의 끝이었다면, 그는 아마 '대체불가'라

는 타이틀을 달지 못했을지도 모른다. 드물기는 해도 제2의, 제3의

멀티 악기 연주자는 얼마든지 나올 수 있을 테니. 그에게는 한 가지의 '다른' 무기가 더 존재했다. 밋밋한 음악에 스토리를 불어넣을 수 있는 능력. 이 강력한 무기로 그는 MBC 가요 서바이벌 프로그램 〈나는 가수다〉의 등장과 함께 두 번째 전성기를 맞이하게 된다.

"저는 음악의 스토리를 좌지우지할 수 있어요. 기본 멜로디가
있으면 몽환적인 소리를 넣었다가 국악적인 냄새도 내주고,
아프리카 초원에 온 느낌도 만들어 줄 수 있죠. 그런 방식으로
〈나가수〉, 〈불후의 명곡〉 같은 여러 음악 프로그램에 참여했

권 아티스트는 음악 방송 세션 연주 외에도 다양한 형태의 TV 프로그램에 출연해 대중에게 이름을 알렸다.

(사진= MBC/Mnet/tvN 방송 화면 캡처)

어요. 그냥 뻔하게 '편곡 좋고 노래 좋네'하고 끝날 수도 있었을 텐데 제 연주로 아이디어가 살아 숨 쉬는 무대를 만들 수 있었죠. 그것이 PD들이 저를 찾는 이유이기도 하고요."

수백 번 똑같이 연주된 음악을 '색다르게' 만들 수 있는 상상력은 그를 단순 연주자에서 '대체불가능한' 아티스트로 올려놓았다. 자신의 곡에 손대는 것을 싫어하는 작곡가들조차 "권병호라면 노터치"를 외칠 정도다.

"저는 '주어진 틀에서 벗어나는 게 더 좋을 수 있다'는 가정을 항상 해요. 그게 아이디어의 원천인 거고요. 이제는 작곡가들이 기본 바탕만 갖고 와서 기대하는 눈빛을 쏴요. 음악에 까다로운 윤상 씨도 '병호는 알아서 하니까 노터치'."

그는 어떻게 자신을 남들과 다른 존재로 만들 수 있었을까. 그의 입에서 처음으로 뻔한 답이 흘러나왔다. 자신의 상상력을 키우는 데 가장 크게 기여한 건 '재능'이 아닌 '성실함'이라는 것.

"그동안 음악만 몇만 곡을 들었어요. 제가 알고 있는 모든 단어, 악기, 지명, 장르를 검색해서 전부 다운로드해서 들었죠.

일할 때는 잠을 거의 자지 않아요. 클라이언트가 기대하는 것보다 제 기준이 2~3배 더 높아서요. 20대 때는 친구들에게 '난 갈 길이 먼 사람이니 불러내지 말라'고 부탁까지 한 적도 있어요. 스스로 음악적으로 뛰어나지 않다는 걸 알기 때문에 남들보다 훨씬 많이 노력한 거죠."

그가 지금 가장 바라는 건 20대 시절처럼 다시 방에 틀어박혀 악기를 연구할 시간을 갖는 것. 일과 육아에 치여 연주할 수 있는 악기를 늘릴 기회가 없는 것이 아쉽다고 했다.

재능 없이 노력으로 일궈 낸 '온리원'의 자리. 그래서 그는 달라지는 것만으로도 누구나 '대체불가능한 존재'가 될 수 있다고 말한다. '남들과 다름'을 두려워하지 않는 자세만 있다면 최고를 꿈꾸는 것보다 훨씬 쉬운 방법이라는 게 그의 지론이다.

"사람들은 대체불가능한 존재가 되고 싶다고 하면서 남들과 다른 걸 불안하게 여겨요. 그리고 남들보다 조금 더 뛰어난 것에 성취감을 느껴요. 아이러니한 거죠. 다른 사람이 잘하는 걸 죽어라 해서 뛰어넘는 것보다 사람들이 할 줄 모르는 걸 택해서 만들어가는 게 더 쉬운 건데. 보통 '더 잘해야지'라고 생각하지 '달라야지'라고 생각하지 않잖아요. 그게 포인트인 것 같아요."

그는 '온리원'이 '넘버원'보다 가치 있다고 말한다. 언젠가 뺏기고 마는 '최고'의 자리는 유한하지만 '다름'은 무한하다는 것. 그래서 그의 인생 목표는 '최고의 연주자'가 아닌 '전성기를 여든 살까지 가져가는 것'이다.

"남들보다 더 잘하는 것을 목표로 삼지 마세요. 남들과 다르게 사는 것을 목표로 하세요. 전교 1등은 전국에서 평범할 수 있고, 전국 1등도 세계에서 평범할 수 있습니다. '넘버원'은 유한하지만 '온리원'은 무한합니다. '온리원'이 좋은 거지 '넘버원'은 어렵잖아요."

자기소개 부탁드립니다.

요즘 이 호칭으로 계속 불리고 있어요. 대체불가 멀티 악기 연주자 권병호입니다.

'대체불가'라는 표현이 신선합니다.

어느 분께서 제 연주를 두고선 '대체불가'라는 표현을 써주셨는데, 이후에 기사에서 한두 번씩 언급되다 보니 자연스럽게 (대체불가 멀티 악기 연주자라고) 굳혀지게 됐어요.

아티스트님의 무엇을 대체하지 못한다는 의미인가요.

그냥 제가 하는 것을 남이 대체를 못 해요. 그냥 딱 그거예요. 저는 음악의 스토리를 좌지우지할 수 있어요. 예를 들면 게임·영화 음악에 광활한 평원밖에 없었는데 전체적으로 새도 지나가게 하고, 물도 흐르게 하고, 갑자기 비도 오고, 사슴 떼도 나타나는 그림이

들어갈 수 있도록 여러 가지 악기로 표현할 수 있는 거죠. 제가 화성악기부터 멜로디악기, 타악기, 효과악기까지 4가지를 다 연주할 수 있어서 가능한 것 같아요.

악기를 몇 가지나 다룰 수 있나요.

많아요. (인터뷰 장소였던 작업실) 이곳에만 수백 가지 되니까요. 무대에 설 수 있을 정도의 실력을 갖추고 있는 건 20여 가지 되고요. 사실 악기를 여러 개 하는 사람은 많아요. 그런데 외국의 특이한 분위기를 내줄 만한 소스가 필요할 때가 있는데, 그런 걸 해줄 연주자가 없으니까 작곡가나 편곡자들이 아쉬워했었죠. 그러던 중에 <나는 가수다>(MBC 예능프로그램. 이하 <나가수>)에서 제가 대안으로 떠오르면서 전성기를 맞이했어요. 이후론 거의 매주 희한한 악기를 써가면서 TV 프로그램을 여기저기 많이 누볐죠.(웃음)

아티스트님이 다루는 악기는 특이한 게 많죠.

일반적이지 않은 악기들을 주로 하고요. 정말 특이한 효과를 낼 수 있는 소리부터, 있긴 있는데 많이 쓰이지 않았던 것. 예를 들면 피리 종류, 휘슬이라든지 하모니카, 아코디언 같은 악기들은 프로급 연주자가 2~3명 밖에 없어요. 악보를 그려주지 않고 '이렇게 플레이를 해주세요' 하면 연주를 할 수 있는 연주자들이 그다지 많지 않기 때문에 이렇게 연주자가 적은 악기나 아예 연주자가 없는 악기들이 제 주 종목인 거죠.

음악은 언제부터 하셨나요.

처음 음악을 한 건 일곱 살 때였죠. 사실 전 음악적으로 뛰어난 사람은 아니었어요. 대학 들어가기 전까진 평범했죠. 피아노학원도 그럭저럭 재주 없이 다녔고, 고등학교 때 오보에를 전공했는데 대학도 다 떨어졌어요. 재수까지 했는데도 안 되더군요. 어디라도 가야겠다 싶어서 전문대 실용음악과를 들어갔어요. 그땐 그 과가 뭐 하는 곳인지도 몰랐어요. 당연히 학교도 대충 다녔죠. 대학교 1학년 때까지는 누가 봐도 망한 사람. 전 학교에서 배운 게 별로 없어요. 대신 스물 한 살 때부터 악기를 모으기 시작했어요. 여기(작업실) 있는 악기는 모두 독학한 거고. 독학을 했을 때 뭔가 감이 오는 악기들로만 성공을 한 거죠. 나머지는 아직도 취미로만 사랑하는 악기들. 당시는 유튜브도 없던 시절이라 세계적인 연주자들의 음악을 들으면서 똑같이 흉내를 냈죠. 운 좋게도 제가 독학에 소질이 있더라고요.

왜 악기를 모으기 시작한 건가요.

음악을 많이 들었어요. 몇만 곡 들었을걸요. 제가 알고 있는 모든 단어, 악기, 지명, 장르를 검색해서 전부 들었을 정도니까요. 아마

지금 제 상상력은 거기에서 나온 게 맞을 거예요. 그런데 그렇게 다운받아 들었던 연주를 라이브로는 들을 방법이 없더군요. 그래서 산 거예요. 그리고 내 음악에라도 한 번 넣어보자는 생각에 하나씩 사서 연주를 해본 거죠.

음악 일을 본격적으로 시작한 건 언제인가요.

서른 다 돼서요. 무대에 선 것 자체가 늦었죠. 제 친구들은 이른 경우엔 대학 다니면서 데뷔를 했으니까요. 그런데 '나 늦었어. 뒤처졌어'라고 생각해 본 적은 없어요. 전 독특한 악기를 하는 거니까 어설프게 하기 싫었거든요. 방에 처박혀서 계속 악기 연주만 했죠. 아마 테크닉만 놓고 보면 그때가 더 좋았던 것 같아요. 하루에 10시간씩 손을 돌렸으니까 정말 따발총처럼 연주를 했죠. 대신 깊이는 지금이 100배 낫죠. 스물여덟 살 정도에 처음 무대를 섰는데, 그 후부터 입소문이 나기 시작해서 진짜 미친 듯 달렸어요. 그렇게 여기저기 연주하러 다니다가 〈나가수〉 이후부터 대중음악계에서 확실한 자리를 잡은 거죠. 한창 할 땐 하루에 22시간을 일한 적도 있으니까요.

한 악기만 집중해도 성공하기 쉽지 않은데,
여러 악기를 연주해야겠다는 생각을 한 특별한 이유가 있을까요.

그때는 다 잘할 수 있을 것 같았어요.(웃음) 그런데 사실 모든 악기를 내 마음에 흡족하게 연주하기는 힘들어요. 아주 위험한 발상이죠. 저는 희소성있는 악기들을 한 세트로 만들어서 경쟁력을 갖춘 거죠. 그 상품을 잘 만든 것 같아요.

발상이 좋으셨네요.
그런데 사실 계획한 게 아니에요. 그냥 열심히 하면서 흘러가는 대로 잘 순응해서 간 거 같아요. 운도 좋았죠. 가장 운이 좋았던 건 제 앞에 하림 씨가 있거든요. 하림 씨가 물려준 유산을 그대로 받은 거죠. 전 이렇게 비유를 해요. 하림 씨는 없는 길을 낸 거고, 저는 그 포장도로를 고속도로로 만들었다고. 하림 씨가 길을 내주셨기 때문에 가능했다고 생각해요.

일에 대한 만족도는 어느 정도인가요.
아주 높죠. 그런데 지금은 일을 좀 줄이고 저만의 시간을 갖고 싶어요. 취미로만 하고 완성을 못 하고 있는 악기들을 마무리하고 싶어요, 더 늦기 전에. 저는 적어도 여든까지는 음악을 할 거거든요. 40년이 남았는데 아직도 이 중에 저와 함께할 악기들이 많아 여기서 종지부를 찍을 수는 없거든요. 외국엔 나이 많은 연주자들이 많은데, 우리나라는 나이에 대한 편견이 많아서인지 나이를 많이 먹고 나선 연주를 못 해요. 그걸 깨고 싶어요.

지금의 권병호가 있기까지 가장 큰 원동력이 있다면.

전 제 달란트가 성실함이라고 해요. 제 성실함은 그냥 '쟤 열심히 일해'가 아니라 남들보다 최소 2~3배가량 기준이 높아요. 그렇게 하지 않으면 제 스스로 만족이 안 돼요. 클라이언트들도 (본인이) 기대했던 것보다 2~3배 높은 결과물을 받기 때문에 좋아하는 거거든요. 제가 음악적으로 뛰어나지 못했기 때문에 남들보다 훨씬 많이 노력을 한 건 사실이에요. 잠도 안 자고. 예전엔 밖에 나가질 않았어요. 부르지 말라고 했어요. '나는 갈 길이 먼 사람이니까 부르지 말아라'.

'대체불가' 연주자로서 이 시대의 스물에게 건네는 조언이 있다면.

사실 '대체불가능'이라는 건 누구나 할 수 있는 거예요. 그런데 많은 사람들이 대체불가능하게 되고 싶다고 말하면서 (다른 한편으론) 내가 남들과 다른 걸 되게 불안하게 여겨요. (남들과) 똑같을 때 더 좋아하죠. 그리고 남들보다 조금 더 뛰어난 것에서 성취감을 느껴요. 남들과 달라져야 하는 건데 말이죠. 어떻게 보면 (뛰어난 것보다) 다른 게 더 쉬운 거거든요. '이 사람보다 조금 더 잘해야지'라고 생각하지 말고, '달라야지'라고 생각하는 것. 그게 포인트인 거 같아요. 1등은 유한하지만 다름은 무한합니다.

영 상 보 기 Youtube

QR코드를 스캔하면 위 인터뷰를 영상으로 보실 수 있습니다.

어떻게 보면
(뛰어난 것보다) 다른 게 더 쉬운 거거든요.

'이 사람보다 조금 더 잘해야지'라고
생각하지 말고, '달라야지'라고 생각하는 것.
그게 포인트인 거 같아요.

1등은 유한하지만 다름은 무한합니다.

곽 태 용

영화 특수분장·특수소품 감독

16 — 일의 완성도는 남이 아니라 내 눈이 정하는 것

박찬욱, 김지운, 봉준호, 류승완, 최동훈, 김용화…

대한민국 영화계의 내로라하는 연출자들의 러브콜을
한 몸에 받는 데 걸린 시간 20년.
그가 지켜온 원칙은 일관되다.

"일의 '방향성'을 정하는 건 연출자의 몫이지만
일의 '완성도'를 결정짓는 건 스스로의 눈높이다."

어린 시절 모형 조립을 좋아했던 한 남성이
대한민국 영화 특수분장·특수소품 분야의 최정상에 오르기까지,
곽태용 특수분장·소품 감독을 만나
일을 통해 그가 거둔 성취의 비결을 엿들었다.

곽 대표가 황효균 공동 대표와 함께 지난 2003년 설립한 '테크니컬 아트 스튜디오 셀'(이하 '셀')은 대한민국의 이름난 영화감독들이 자기 작품의 특수분장·소품을 의뢰할 때 가장 먼저 떠올리는 업체 가운데 하나다. 천만 관객을 동원한 『신과함께: 죄와 벌』(감독 김용화)부터 봉준호 감독의 『옥자』, 최동훈 감독의 『도둑들』과 이병헌 주연의 『광해, 왕이 된 남자』 등 160편(2018년 기준) 넘는 국내 상업 영화의 특수분장·소품을 책임진 게 바로 곽 대표가 이끄는 '셀'팀이다. 천만 관객을 돌파한 첫 좀비 영화 『부산행』의 좀비 100명 가량의 특수분장·소품을 맡았던 곽 대표는 그 공로를 인정받아 지난 2016년 청룡영화상과 대종상영화제, 2017년 춘사영화상 등에서 기술상을 휩쓸기도 했다.

"좀비가 그렇게 대규모로 나오는 국내 영화는 『부산행』이 최초였는데, 사실 좀비가 동양에서 낯선 소재예요. (연출자인) 연상호 감독님과 동양인 얼굴에 어울리는 좀비 스타일을 구현하고자 상의를 많이 했었어요. 많은 인원을 한꺼번에 분장해야 해서 시간 제약이 많았는데, 감독님 시나리오가 힘이 있었고, 촬영·편집·CG 등 다른 팀들의 작업이 잘 어우러져서 좋은 결과가 나올 수 있었습니다."

특수분장·소품의 세계는 다채롭다.
1_ 출연자 신체에 변형을 가하는 것   2_ 더미 제작
3_ 봉준호 감독의 『옥자』   4_ 『인류멸망보고서』의 로봇   (사진제공=셀)

  흔히 특수분장하면 출연자의 얼굴이나 몸에 변형을 가하는 작업
을 떠올리는 경우가 많은데, 실제 곽 대표의 작업은 훨씬 다채롭다.
배우를 대체하는 기구나 인형을 뜻하는 '더미dummy' 제작부터 영화
『놈놈놈』에 나오는 말이나 『대호』 속 호랑이 등 동물을 최대한 실
물에 가깝게 만드는 일까지. 『인류멸망보고서』나 『로봇, 소리』에 나
오는 로봇도 곽 대표가 이끄는 셀 팀의 손에서 탄생한 피조물이다.

액션 영화에 쓰이는 연장(?) 역시 사람 몸에 맞아도 다치지 않도록 진품(맨 위쪽 막대기)과 똑같이 모조품을 만드는 게 중요하다.

"배우에게 실제로 낼 수 없는 상처를 더 사실적으로 구현하기 위해 더미를 개발하게 됐고, 더미 안에 움직임을 넣으려다 보니 메카닉(기계학)적인 지식을 연구하게 됐어요. 시간이 지남에 따라 사용하는 재료나 기술이 계속 발전한 것이죠. 현재의 셀 팀은 '테크니컬 아트 스튜디오'라는 이름에 걸맞게 기술적인 미술 작업을 총괄하는 곳이라고 생각하시면 됩니다."

여느 기업과 마찬가지로 셀 역시 시작은 조촐했다. 창업 전 2~3년가량 일했던 한 특수분장·소품 업체에서 직장 동료였던 황호균 대표와 의기투합해 지난 2003년 회사를 만들었고, 현재 셀에서 더미 제작을 주도하는 이희은 실장이 설립 초기 멤버로 참여하면서 팀이 꾸려졌다. 작업의 특성상 정해져 있는 매뉴얼이 없고, 똑같은 일이 다른 영화에서 반복적으로 쓰이는 경우도 거의 없다 보니 매 프로젝트가 새로운 시도였고, 도전이었다고 곽 대표는 말한다.

"시나리오가 나올 때마다 콘셉트가 바뀌고, 설사 콘셉트가 같더라도 똑같은 장면을 연출하고 싶은 연출자는 없거든요. 연출자가 원하는 장면을 실행 가능하게끔 표현하는 게 저희의 일인데, 똑같은 일이 하나도 없다는 점이 가장 어렵죠. 매번 새로운 일을 해야 한다는 게 어떻게 보면 매력이자 장점인데, 그것 때문에 스트레스를 많이 받는다는 점에선 또 단점이기도 하네요.(웃음)"

곽 대표의 작업에서 가장 중요한 건 연출자의 의도를 100% 구현해내는 일이다. 결국 영화의 방향성을 결정하고, 스크린을 채우는 책임은 오롯이 연출자에게 달려있기 때문이다. 이처럼 '연출자의 눈'에 부합하는 작업물을 만드는 것 못지않게 곽 대표가 중요히 여기는 또 다른 일의 원칙은 바로 '스스로의 눈높이를 충족시키는 것'이다. 제작을 의뢰받은 더미에 미세한 움직임이 가능하도록 기계적 장치를 넣는다든지, 가발의 스타일링을 위해 헤어 디자이너를 따로 섭외하는 등 연출자의 요구 이상의 작업을 스스로 추가하는 일이 셀 팀에서 빈번히 이뤄지는 이유가 바로 이 때문이다.

'저뿐 아니라 저희 팀원들 눈에 모두 만족스러운 제작물을 내보내는 게 (저희 작업의) 가장 큰 원칙이에요. 결국 제 눈이 높아져야 감독님도, 관객들도 만족할 확률이 높거든요. 제 눈을 높이려고 계속 노력하고, 이 눈높이에 맞는 제작물을 만들어 내보내는 게 목표죠."

곽 대표의 또 다른 중요한 회사 운영 원칙. 정규직 채용과 주 5일 근무의 강제화다. 요즘 같은 시대에 새삼스러울 게 있느냐 반문할 수 있지만, 전형적인 고비용·저효율 구조를 갖춘 국내 영화 현실에다 정규적인 촬영지나 촬영 시간이 없다는 특성 등을 감안하면 셀의 근무 조건은 이른바 영화판에선 이례적인 일이다. 그러나 "쥐어짜서 효율성을 높이는 방식은 옳지도 않고, 우리 업의 특성을 고려하면 오히려 손해"라는 게 곽 대표의 확고한 철학이다.

"사람을 쥐어짜 이득을 내자는 발상이 단기적인 효율을 가져올 순 있겠지만 장기적으론 전혀 그렇지 않아요. 현실적으로 회사

특수분장·소품의 세계에서 가장 중요한 건 역시나 '사실성'이다. 잔주름 하나하나에도 섬세한 손길이 필요한 이유다

를 운영해 봐도 그렇고요. 특히 저희는 창의적인 일을 하는 집단이에요. 숨 돌릴 틈 없이 일만 해선 오히려 자기 발전도 못하고, 회사에도 도움이 안 되는 것 같아요."

어린 시절 모형 조립하는 것을 좋아했던 곽 대표. 대학에 진학해선 공부가 체질에 맞지 않아 곧바로 자퇴를 했다고 한다. 막연히 '사업을 하고 싶다'는 생각만 있었을 뿐 '무슨 (사업)'이라는 물음을 채울 수 없어 젊은 시절을 '경험하는 것' 자체에 쏟아부었다. 간판 가게에서 기술을 배우기도하고, 공사 현장에서 이른바 '노가다' 경험도 했다. '안 해본 일 빼고 다 해본' 곽 대표가 돌고 돌아 선택한 일은 그가 어렸을 적부터 좋아했던 것, 바로 '모형 조립'이었다. 영화판의 미니어처 제작에 우연히 참여하게 됐다가 지금의 지위, 대한민국 최고의 특수분장·소품 감독에 이르게 된 것이다. 이런 곽 대표에게 마지막 질문을 던졌다. "자기가 좋아하는 일을 하기 위해 가장 필요한 게 무엇인가요?"

"제가 직원을 뽑을 때 항상 보는 게 있어요. 어디 학원을 다니거나 해외에서 공부했다는 식으로 누군가 시키는 대로, 가르치는 순서대로 정리돼 있는 포트폴리오는 그냥 아예 다 넘깁니다. 그와 달리 자기가 (스스로) 뭔가를 한 일이 있으면 그걸 보거든요. 남이 시킨 것을 시킨 대로만 하면 일을 통해 성취를 할 수는 없는 것 같아요. 자기가 스스로 해법을 찾는 방법을 알아야 하고, 그러려면 이것저것 경험해봐야겠죠."

자기소개 부탁드립니다.

영화에 관련된 특수촬영이나 특수분장, 특수소품, 특수장비 등 연출자가 의뢰하는 것을 제작하고 촬영에 도움을 주는 테크니컬 아트 스튜디오 '셀'을 황호균 대표와 공동 운영하고 있는 곽태용입니다.

지금까지 참여한 영화가 몇 개나 되나요.

(인터뷰할 당시인 2018년 5월까지) 세어보지 않아서 정확히 모르겠지만 상업영화만 160~170여 편 되는 것 같습니다.

특수분장 감독이라는 게 일반인에겐 생소한 작업인데요.

일단 가장 어려운 점은 똑같은 일이 없어요. 시나리오가 나올 때마다 콘셉트가 바뀌거든요. 설사 같은 콘셉트라고 해도 똑같은 장면을 연출하고 싶은 연출자는 없을 거고요. 연출자가 원하는 장면을 저희가 캐치해 그것을 실행 가능하게끔 표현하는 게 저희 일이죠.

매번 새로운 일을 해야 한다는 게 매력이자 장점인데, 그것 때문에 스트레스를 많이 받는다는 점에선 또 단점이기도 해요.

실제 작업한 것으로 설명해주실 수 있다면.

예를 들면 영화 『암살』(최동훈 감독, 2015년 작)에 배우 이정재 씨가 법정 씬scene에서 나이가 들어 몸이 다 늘어진 설정으로 나오잖아요. 그런데 사실 이정재 씨 몸이 굉장히 좋지 않습니까. 그런 몸을 70대의 노인으로, 가슴도 처지고 배도 나온 인물로 표현한 것이거든요. 이런 작업은 피조물을 컨트롤하는 게 아니라 배우와 호흡을 맞춰야 하고, 몸 컨디션이나 피부 톤 등도 신경 써야 하는 작업이어서 굉장히 힘들죠.

그래도 이후에 영화를 본 관객들이 '이정재 몸매 실망이야'라고 달아놓은 댓글을 보고 되게 뿌듯했어요.(웃음) 사실 영화를 본 사람들이 '와, 저거 진짜 잘 만들었다'라고 평가하면 저희는 실패한 것이에요. 영화 시나리오 흐름이 깨지지 않게끔 자연스럽게 넘어가도록 하는 게 제일 어렵고, 저희가 추구하는 바이기도 하죠.

'자기 작업물이 영화에서 드러나면 실패하는 것이다'라고 말씀하셨는데, 보통 사람 욕심이라는 게 자기 작업물이 드러나는 걸 좋아하잖아요.

어우, 그러면 절대로 안 되고요. 만약 『부산행』(연상호 감독, 2016년 작) 영화를 관객들이 보고, '와, 저거 분장 진짜 잘 했네'라고 얘기를 하면 안 돼요. 그냥 '영화 재미있었다'가 제일 좋은 평가예요. 제가 욕심을 내서 좀비 분장을 너무 과감하게 했고, 그래서 그게 이슈가 되면 좋지 않은 것이거든요. 그래서 사실 사람 눈에 튀지 않는 작업물을 만들려고 일부러 노력하는 편이에요.

『부산행』으로 국내 여러 유명 영화제에서 <기술상>을 수상했는데요.

지금껏 좀비 영화가 없진 않았지만 그렇게 대규모로 나온 건 제가 알기론 우리나라에서 最初였어요. 좀비가 동양에선 낯선 소재고, 그래서 동양인 얼굴로 좀비를 표현하는 데 난해한 점이 있었죠. 동양인 얼굴에 최대한 어울릴 법한 걸 연상호 감독님과 상의를 많이 했었고요. 좀비가 100명씩 나오는 컷이 있었는데, 분장에 시간 제약이 있어서 그 부분에 어려움이 있었죠. 연 감독님의 시나리오가 원체 힘이 있었고, 촬영·편집·컴퓨터그래픽CG·특수효과 등 다른 팀들이 모두 어우러져서 관객들이 좋아하는 역동성 있는 영화가 나오지 않았나 싶습니다. 좀비 (분장) 자체가 너무 우수했다고 말씀 해주시는 건 좀 부담스럽습니다.(웃음)

봉준호 감독이 '스튜디오 셀'을 두고 "불가능을 가능으로 만들어주는 최고의 팀"이라고 평가했다고요. 셀 팀만의 강점이 있다면.

과찬이시죠. 아유, 봉 감독님.(웃음) 저희 팀의 가장 큰 강점이라고 하면, 우리가 소화해낼 수 있는 영역대가 많이 넓어졌어요. (2003년 셀 설립 이후) 시간이 많이 지나면서 기술도 많이 쌓이고, 팀원도 다채로워졌죠. 색감을 잘 다루는 친구부터, 금형·몰드 작업에 특화된 친구도 있고, 모델링을 잘하는 친구도 있고. 전문화된 친구들이 어느 정도 갖춰져 있다 보니 각각의 지식을 합쳐 좋은 결과물을 만들어내는 것 같습니다.

제작 과정에서 본인만의 원칙이나 철학이 있다면.
글쎄요…. 일단 제 눈에 들어야죠. 저뿐 아니라 저희 팀원들 눈에 만족스러운 제작물을 내보내는 게 일단 가장 큰 원칙이고요. 그렇다면 제 눈이 많이 높아져야겠죠. 그래야 연출자나 촬영 감독님이 봤을 때도 만족하는 것이니까. 그래서 제 눈 자체를 높이려고 노력하고, 그렇게 높아진 제 눈에 만족스러운 제작물을 만들어 내보내려고 하죠.

셀은 주 5일 근무나 정규직 채용, 워라밸Work and Life Balance 등을 잘 지키는 회사로도 유명한데요.
노동 강도가 세기로 소문난 영화판에서 가능한 일인가요.
가능하더라고요. 쉬어야지 일도 잘 되는 거니까. 경험상 보면 쥐어짜는 형태로 회사를 돌리는 건 더 도움이 안 돼요. 특히 저희는 굉장히 창의적인 일을 하는 집단이다 보니 (노동 강도를 높이는 게) 잠깐은 극대화된 이득을 낼 수 있을지 몰라도 장기적으로 보면 그렇지 않다는 생각을 해요. 저희 식구들의 이직률이 굉장히 적어요. 십수 년씩 같이 일하다 보니 기술이 계속 쌓이잖아요. 계속 쌓여가는 기술력으로 회사 성과를 내는 것이지, 적은 인원을 쥐어짜서 이득을 내자, 이런 건 굉장히 단기적인 접근이라는 생각이 들어요. 그래서 저희는 주 5일·8시간 근무를 가급적이면, 아니 가급적이 아니라 강제하고 있습니다.

영화판에 처음 들어간 건 언제인가요.

스물여섯인가 일곱 때 특수분장업체에 들어갔어요. 사실 저는 미니어처에 관심이 있어서 영화 쪽으로 들어오게 된 케이스예요. 그러다가 이것도 재밌네, 저것도 재밌네 하다 보니 여기까지 온 거죠.

첫 직장이 특수분장업체였나요.

아니요. 사실 제가 대학을 자퇴했거든요. 자퇴 후 이것저것 많이 해봤어요. 건설회사에서 2년 반 동안 현장에서도 있어 보고요. 제가 건축과를 나온 건 아닌데 건축 쪽 잔기술을 많이 배웠어요.(웃음)

대학은 왜 자퇴를 했나요.

적성에 맞지 않는다는 생각이 들어서 2학년 1학기 때 그만뒀어요. 자퇴하고 막연히 가졌던 생각은 사업 같은 걸 해보고 싶었어요. 일단 뭘 하고 싶은지 알아야 하니까 이것저것 경험해봤죠. 간판 가게에서 기술 배운다고 일도 해보고, 주방장도 해보고, 당구장도 해보고, 노가다도 하고, 이것저것 굉장히 많이 해봤어요. 어려서부터 모형 만드는 거나 기계 다루는 걸 굉장히 좋아했는데, 이 때문에 프라모델 작업도 많이 했고요. 이 프라모델 작업을 한 경험 덕에 (영화 쪽에) 연결이 닿아서 '미니어처 작업을 해보지 않겠냐'는 제안을 받았습니다. 물론 영화를 좋아하긴 하지만 저는 지금도 영화인이라기보단 엔지니어라고 생각하는 편이에요. 연출자가 원하는 걸 만들고 실현시켜주는 엔지니어.

본인에게 특수분장이란.

그냥 먹고 사는 일이죠.(웃음) 지금은 좀 그렇게 된 것 같아요. 옛날엔 취미인 듯 아닌 듯, 재미로 하는 듯 아닌 듯 하는 느낌이 강했는데, 지금은 저뿐만 아니라 사무실 식구들이 꽤 있으니까요. 그러다 보니 재미로 할 수 있는 일은 아닌 게 됐어요. 어느 정도 책임감을 가지고 하는 일이 돼 버렸죠. 다만 일의 성격상 이 일을 하기 싫은데 이 일을 계속 하기는 힘들 거예요. 단순한 일을 반복해야 하면서도 창의성을 더해야 하는 작업이거든요.

마지막으로, 스물에게 조언을 해주신다면.

제가 직원을 뽑을 때 항상 보는 게 있어요. 우선 면접에서 '이걸 왜, 어떻게 할 건데'라고 묻는 말에 '가르쳐주시면 열심히 하겠습니다', '시키는 일은 뭐든 열심히 하겠습니다'라고 대답하는 친구들은 안 뽑아요. 어디 학원을 다니거나 해외에서 공부했다는 식으로 누군가가 시키는 대로, 가르친 순서대로 정리돼 있는 포트폴리오는 다 넘깁니다. 그 사이사이에 자기가 스스로 한 일이 있으면 그걸 보거든요. 남이 시키는 일을 그저 남이 시키는 대로 하면 일을 통해 성취를 할 순 없는 것 같아요. 자기가 스스로 해법을 찾는 방법을 알아야 하고, 그러려면 이것저것 경험을 해봐야겠죠.

남이 시키는 일을

그저 시키는 대로 하면

일을 통해 성취를 할 수는

없는 것 같아요.

자기가 스스로

해법을 찾는 방법을 알아야 하고,

그러려면 이것저것

경험을 해봐야겠죠.

스물
처럼